101 Expériences de philosophie quotidienne

Roger-Pol Droit

101 Expériences de philosophie quotidienne

ÉDITIONS FRANCE LOISIRS

Édition du Club France Loisirs,
avec l'autorisation des Éditions Odile Jacob.

Éditions France Loisirs,
123, boulevard de Grenelle, Paris.
www.franceloisirs.com

ISBN 2-7441-7438-6

Pour Pessia,
en souvenir de demain.

Sommaire

Introduction

Des aventures de tous les jours

Ce livre est un divertissement. Cela signifie qu'il essaie d'indiquer l'essentiel de manière légère. Contrairement à ce que croyait Pascal, il est inutile d'opposer les graves questions, qui devraient requérir toute notre attention et notre énergie, et les futilités qui nous en détourneraient. Le futile donne à penser, le dérisoire conduit au sérieux, la profondeur part du superficiel. Pas toujours, pas nécessairement, cela va de soi. La première bêtise venue ne contient pas systématiquement une perle philosophique.

Il y a cependant des situations très banales, des gestes quotidiens, des actions que nous accomplissons sans cesse et qui peuvent devenir autant de points de départ pour l'étonnement dont naît la philosophie. Si l'on veut bien admettre que celle-ci n'est pas théorie pure, si l'on accepte qu'elle prenne source dans des postures singulières envers l'existence, dans les aventures insolites des philosophes parmi les sentiments, les perceptions, les images, les croyances, les pouvoirs et les idées, alors il n'est pas impossible d'imaginer des expériences à vivre qui sont autant de dispositifs d'incitation.

Le jeu consiste à provoquer des déclics infimes. Inventer quelque chose à faire, à dire, à rêver qui fasse éprouver un étonnement, percevoir le trouble d'une question. Il s'agit de fabriquer de microscopiques événements déclencheurs, des impulsions minimales. Au ras des choses, en jouant.

Chaque expérience décrite dans les pages qui suivent est à mener vraiment. Il est possible de les comparer, de les modifier, d'en inventer d'autres. Mais il est indispensable de s'exercer réellement, de ressentir le décollement des évidences qu'elles doivent produire. C'est toujours ce qui est en cause, depuis qu'il y a des philosophes : une pratique du décalage, du pas de côté, un changement d'optique, même très restreint au départ, qui permet de voir le paysage sous un angle tout différent.

Si ce divertissement peut être utile, c'est parce qu'il propose de tels points de départ. Insolites, volontairement. Loufoques, si besoin est. Mais chaque fois destinés à faire vaciller une évidence que l'on croyait assurée : notre identité, par exemple, la stabilité du monde extérieur, ou encore le sens des mots. La trajectoire, ensuite, sera différente pour chacun. Elle n'aboutira pas aux mêmes conclusions. Tant mieux. Il suffit qu'elle soit lancée.

Certes, ces expériences reposent sur certaines hypothèses et convictions. Elles suggèrent notamment la possibilité que « je » soit toujours un autre, le monde une illusion, le temps un leurre, le langage un voile fragile sut l'indicible, la politesse un moratoire de la cruauté, le plaisir une morale, la tendresse le seul horizon. Personne n'est obligé de les partager. Seule compte l'incitation à poursuivre, pour chacun.

Et chacune, évidemment. Je ne crois guère que la philosophie soit seulement une affaire d'hommes, même si ce fut souvent le cas par le passé. Je n'ai toutefois pas jugé souhaitable, dans les textes qui suivent, d'écrire systématiquement « chacun(e) », ni même « vous êtes fatigué(e) » lorsque je m'adresse au lecteur-lectrice. Les lectrices, si elles le veulent bien, rectifieront elles-mêmes.

En résumé, l'intention de ce divertissement pourrait tenir dans un entretien express :

« — Où voulez-vous en venir ?

— Où vous irez ! »

1. S'APPELER SOI-MÊME

Durée : 20 minutes environ
Matériel : un lieu silencieux
Effet : double

Asseyez-vous par terre au milieu d'une pièce calme, de préférence peu meublée. Demeurez tout d'abord quelques instants attentif au silence, sachant que vous allez parler et entendre. En écoutant intensément les très légers bruits qui vous entourent, pensez que bientôt cette paix va cesser. Préparez-vous à l'irruption d'une parole.

Prononcez alors à voix haute votre prénom. Articulez distinctement, et répétez, insistez. Comme si vous deviez héler, d'assez loin, une personne demeurant sourde à vos appels. Imaginez que vous interpellez quelqu'un qui vous connaît, mais ne vous aperçoit pas. De l'autre côté d'un champ. Ou bien d'une rive vers un bateau. Ou encore d'une maison à une autre.

Au début, les quinze ou vingt premières fois, vous avez l'impression d'être simplement en train de parler dans le vide. Vous appelez quelqu'un d'absent, d'inaccessible, d'une manière absurde et ridicule. Vous avez beau allonger les voyelles, prononcer les syllabes sur des tons différents, vous n'arrivez pas à y croire. Continuez. La porte est bien fermée.

Peu à peu, vous commencez à ressentir l'impression d'être appelé. De manière d'abord confuse, à peine perceptible. Hésitante, mal assurée. C'est là qu'il convient de s'installer, attentif à cet équilibre instable entre le dedans et le dehors. Insistez, répétez, appelez-vous encore quelques dizaines de fois, machinalement, automatiquement. C'est bien votre voix. C'est aussi celle de l'autre, là-bas. Vous venez juste de l'apercevoir.

Votre voix n'est pas dédoublée. Et bien sûr vous non plus. Vous sentez toutefois que vous êtes double, scindé en quelque sorte au-dedans. C'est bien vous qui appelez, mais vous ne savez pas qui. C'est bien vous qui êtes appelé, mais vous ne savez pas d'où. Ou plutôt si, évidemment, vous savez bien que c'est vous dans les deux cas, et « vous », vous supposez que ça ne fait qu'un. D'ailleurs, vous le savez, et là-dessus tout le monde est d'accord. Mais non, justement, ce n'est pas ce que vous éprouvez à présent. Vous savez bien que « vous » et « vous » ne font qu'un, mais vous ne le ressentez plus de manière pleine, évidente. Celui qui appelle est le même, et n'est pas le même, que celui qui est appelé.

L'expérience consiste à prolonger quelques instants ce jeu du dedans et du dehors, de l'appel et de l'écoute. Il faut éprouver, aussi loin que possible, ce qu'a d'insolite ce prénom que l'on connaît, mais que jamais on ne peut adresser à soi-même sans justement se sentir un autre. Seuls les autres, évidemment, vous nomment ainsi, et vous-même, en temps normal, ne vous appelez jamais. Continuez à vous héler, à intervalles réguliers, en criant presque certaines fois. Le but est de susciter ce léger malaise, pas forcément désagréable, qui accompagne un petit décollement de soi par rapport à soi. Se maintenir un moment dans cette situation de fin vertige.

Comment en sortir ? De quelle manière colmater l'écart, recoller les bords ?

Dites simplement, d'une voix haute et forte, avec le plus grand naturel possible : « Oui ! J'arrive ! »

2. VIDER LE SENS D'UN MOT

Durée : 2 à 3 minutes environ
Matériel : ce qu'on a sous la main
Effet : désymbolisant

Ça peut être n'importe où, et sans heure particulière. Il suffit, cette fois encore, que vous soyez sûr de n'être pas entendu. Mieux vaut n'être pas gêné, en cours de route, par la crainte du ridicule. Parler seul n'est rien. Être épié et moqué troublerait le résultat recherché.

Donc, simplement quelque lieu où personne ne vous entend. Prenez ce que vous avez sous la main, l'objet le plus courant, un crayon, une montre, un verre, ou même une pièce de votre vêtement, bouton ou ceinture, poche ou lacet. Peu importe. Il suffit d'une chose banale. Sa dénomination est habituelle, sa présence est familière. À cet objet correspond pour vous, depuis toujours, le même mot. Identique, naturel, normal.

Prenez donc en main cette petite chose sans malice, sans étrangeté, sans risque. Répétez son nom, à voix basse, en la regardant. Fixez, par exemple, le crayon qui est entre vos doigts en répétant : « crayon », « crayon », « crayon », « crayon », « crayon », « crayon », « crayon », « crayon », « crayon », « crayon ». Vous pouvez continuer encore. Ce ne devrait pas être long. En quelques instants, le mot familier se décolle, se racornit. Vous ressassez une suite de sons étranges. Série de bruits absurdes, insignifiants, qui ne dénomment rien, ne désignent aucune chose et demeurent insensés, fluides ou râpeux.

Sans doute avez-vous déjà joué ainsi, enfant. Tous ou presque, nous avons éprouvé, comme ça, l'extrême fragilité du lien entre mots et choses. Dès qu'on le tord ou le tire, dès qu'on le distend, ce lien cesse d'être simple. Il s'entortille ou se brise. Le terme se dessèche, s'émiette. Coquille éparpillée d'inanité sonore.

Ce qui arrive à l'objet n'est pas moins étonnant. Il semble que sa matière devienne plus épaisse, plus dense, plus brute. La chose est là davantage et autrement, dans son étrangeté innommable, dès qu'elle tombe en dehors du fin filet des vocables habituels.

Ce vieux jeu dissociatif, il faut le répéter. Tenter d'observer la fuite même du sens, l'émergence rêche du réel hors des mots. Entrevoir l'écaille sous la prose. Redire plusieurs fois le même mot, pour la même chose, dissipe toute signification. N'est-ce pas merveilleux ? Effrayant ? Drôle ? Quelques instants suffisent pour fissurer cette fine pellicule où nous nous tenons en place, satisfaits de pouvoir dire le nom des choses.

3. CHERCHER « JE » EN VAIN

Durée : indéfinie
Matériel : aucun
Effet : dissolvant

C'est l'un des termes que vous utilisez le plus. Au cours de la journée, le mot « je » figure dans presque toutes vos phrases. Depuis votre plus tendre enfance, vous avez cessé de vous désigner par votre prénom. « Je » est devenu le mot par lequel vous exprimez vos désirs, vos déceptions, vos projets, vos espérances, vos actes les plus divers, vos sensations physiques, vos maladies, vos jouissances, vos plans, votre ressentiment, votre tendresse, votre goût pour la vanille ou votre aversion pour le fenouil. Vous avez lié depuis très longtemps ce mot si bref à la multitude de vos états d'âme. Il est intimement imbriqué à vos sentiments, à vos souvenirs. En apparence, rien ne se fait sans lui. On le retrouve dans tous vos récits, tous vos jugements. Pas la moindre décision, pas la moindre rumination ne lui échappe.

Curieuse situation : tout le monde se sert du même mot. La plus irréductible intimité, la plus singulière existence, pour chacun d'entre nous, est liée à un terme qu'il n'a ni choisi ni forgé, et dont tous les autres se servent identiquement. Un pronom de la langue. Rien n'est moins personnel que ce pronom « personnel ». L'existence à laquelle il se rapporte demeure, du point de vue linguistique, parfaitement interchangeable. Ce peut être n'importe qui, affirmant « je suis content » ou bien « je suis triste ». Chacun, différent de tous les autres, se désigne soi-même par un mot qu'utilisent tous les autres. Situation hautement paradoxale. Mais vous n'y songez pas, comme tout le monde d'ailleurs. Vous avez bien assez à faire pour ne pas vous encombrer de ce genre de questions.

Cherchez malgré tout où se trouve ce « je ». Existe-t-il ? Comment le repérer ? À quoi le reconnaître ? Si vous tentez de poser ces questions et de les résoudre avec application, vous allez expérimenter que ce « je » n'est pas simple à localiser ni à authentifier.

Ce n'est pas une expérience brève, dont les limites sont aisées à circonscrire. Cela pourrait au contraire ressembler à une longue traque. Il faut du temps, des occasions diverses, une certaine constance et de l'obstination. Où est donc cette évidence appelée « je » ? Vous chercherez longtemps, en différents endroits, sous des angles distincts. Il y a de fortes chances pour que, au bout du compte, vous reveniez bredouille. C'est là que les choses commencent à devenir intéressantes.

Parmi les pistes que vous pouvez tenter de suivre, il convient de rappeler l'existence du corps. Ce « je », singulier et pourtant semblable aux autres, n'est-ce pas simplement ce corps, ses habitudes et ses faiblesses, ses fragilités et ses particularités ? Vous ne trouverez pourtant jamais « je » dans votre corps. Aucune de vos cellules n'a survécu depuis dix ans. Aucun des éléments de votre corps n'est demeuré identique. Qu'appellerez-vous « je » ? La forme ? La structure d'ensemble ? L'organisation ? Reste la pensée, classiquement. Tout change, mais pas vos souvenirs, votre conscience de demeurer le même, identique malgré les altérations. Là non plus, vous ne mettrez pas la main sur « je ». Vous ne trouverez jamais que des pensées, des séquences, des souvenirs, des associations d'idées, des désirs qui sont affectés de ce que vous appelez « je ».

Entre toutes ces sensations, entre tous ces événements mentaux, « je » semble être le dénominateur commun. Mais ce n'est pas un support ni un moteur. Juste un air de famille. Une qualité commune à des pensées et sensations fort diverses, presque comme une couleur ou un parfum. Une façon d'apparaître. Éventuellement un style. Rien d'autre. « Je » n'est pas quelque chose ni quelqu'un. Ce n'est pourtant pas seulement un mot. C'est sans doute un certain refrain, un pli, une qualité seconde et relative.

Si vous parvenez à expérimenter cela, il faudra savoir ensuite quoi en faire. Quelle incidence peut avoir sur votre existence cette impossible trouvaille ? Comment vous débrouillez-vous de cette défection de « je » ? C'est une autre histoire.

4. FAIRE DURER LE MONDE VINGT MINUTES

Durée : 21 minutes
Matériel : un monde et une pendule
Effet : effrayant ou rassurant

Le passé s'incruste. Le voici dans les moindres gestes. Il se love dans les pensées, même celles qui apparemment ne semblent pas se soucier de lui. L'avenir, lui aussi, ne cesse de soutenir le moindre projet. Il accompagne nos plus infimes anticipations.

Que se passerait-il si nous tentions – même illusoirement, à peine, pour jouer – de défaire ces terribles contraintes ? Imaginons donc, autant qu'il est possible, que le passé n'a jamais eu lieu et que l'avenir n'existe pas. Essayons de croire que ce monde, tel qu'il est, ne dure que vingt minutes. Il a été constitué d'emblée, juste à l'instant, tel quel, nous compris. À la minute précédente, il n'existait pas. Tout ce que le monde contient présentement comme vestiges, ruines antiques, bibliothèques, monuments, archives, souvenirs proches ou lointains, tout cela vient d'apparaître en même temps. Les archives sont bien là, les témoins aussi, mais le passé dont ils parlent n'a jamais existé autrement qu'à l'instant.

Ce monde – infini, divers, multiple – possède une durée de vie limitée à vingt minutes exactement. Au-delà il disparaîtra totalement, définitivement. Pas de déflagration gigantesque, aucune explosion cosmique. Pas d'embrasement insensé ni de fournaise immense. Rien qu'une extinction brusque. Comme s'évanouit une bulle de savon, comme cesse soudain de briller une lumière.

Installez-vous dans ce monde de vingt minutes. Constatez combien il est, en un sens, identique au nôtre : mêmes volumes, mêmes cieux. Aucun objet ne diffère. Les mêmes gens font les mêmes choses. Voyez : ce n'est pourtant pas du tout le même univers. Ce monde auquel manquent la profondeur d'un passé réel et la perspective d'un avenir envisageable peut bien paraître tout à fait identique, il n'en diffère pas moins radicalement du nôtre à cause de cette limite temporelle. Avant que cet univers éphémère n'ait totalement disparu, efforcez-vous de comprendre, vous qui avez l'illusion qu'une autre réalité a existé et existera, combien votre pensée est différente de cette existence minutée. Plus vous éprouverez cet écart et cette distance, plus vous pourrez sentir l'importance, pour nous, de l'immémorial et de l'horizon du futur.

À l'approche du terme fatidique des vingt

minutes, vous devez ressentir furtivement la terreur sourde que tout, effectivement, disparaisse.

Il est probable qu'il n'en sera rien. Vous pourrez donc sortir, à la vingt et unième minute, de cette frayeur sans objet. Vous vous efforcerez alors de goûter le soulagement que le monde continue.

Vous trouverez peut-être ensuite, comme un arrière-goût, la déception secrète que rien ne se soit aboli.

Mauvais joueur...

5. VOIR LES ÉTOILES EN BAS

Durée : 30 à 60 minutes
Matériel : un ciel étoilé
Effet : cosmique

De préférence une nuit d'été. Elle devrait être sans nuages. C'est mieux encore si vous avez un jardin, de quoi vous allonger au sec, et devant vous environ une heure.

Vous voilà donc sur le dos. Vous regardez les étoiles, leur nombre immobile, leur étrangeté large. Il faut que vous parveniez à vous sentir à la fois intimidé et cependant à l'aise, pris dans la présence rassurante et mystérieuse de la nuit.

Ici, tous les clichés valent : la douceur laiteuse, la tiédeur du noir, le scintillement qui fait se sentir tout petit. Tous les poncifs sont à leur place. Surtout n'hésitez pas à vous y laisser prendre, à vous y plonger jusqu'au cou.

Attendez le temps qu'il faudra, jusqu'au moment où naît le sentiment d'être rivé au sol, presque écrasé par l'immensité, point minuscule avec au-dessus de soi l'infini.

L'expérience consiste simplement à faire basculer l'univers. Progressivement, vous allez vous convaincre que les étoiles que vous voyez sont en dessous de vous. Vous les surplombez. Vous êtes retenu à la terre par une force impérieuse. Mais ce ciel immense est en bas. Cet abîme d'étoiles, vous le survolez, au risque d'y tomber sans fin.

Cela ne marche pas aussitôt. Il faut une accommodation, une attention flottante, plutôt qu'un effort net. Le processus ressemble à celui des images en trois dimensions. On regarde longtemps une feuille plane couverte de signes qui paraissent non seulement lisses mais inintelligibles. Il faut endurer l'attente. Et puis, soudain, tout bascule.

Vous sentez qu'effectivement tout est en dessous.

Il suffirait d'un rien, un souffle, une brève interruption de l'attraction, un moment d'inattention peut-être, pour que vous partiez très lentement à la dérive, entre terre et rien, à la descente du ciel.

En vous relevant, assez lentement, prenez garde à la marche.

6. VOIR UN PAYSAGE COMME UNE TOILE TENDUE

Durée. 20 à 30 minutes
Matériel : un paysage calme
Effet : surprise

La mer ou la campagne, de préférence à la ville. Un paysage relativement simple, pas trop tourmenté, presque uniforme. Peu de contrastes dans les couleurs, peu d'oppositions de formes.

Vous vous installez pour contempler. Vous ne regardez pas. Vous ne scrutez rien. Votre regard n'a rien à fouiller, il n'a pas à s'arrêter où que ce soit. Il doit au contraire glisser sur l'ensemble, en demeurant distant, un peu flou. Comme si rien ne l'arrêtait ni ne l'attirait. Aucune aspérité, presque aucune forme. Tout doit finir par vous paraître sur le même plan, sans relief, à plat – comme un tableau. Cela peut prendre un temps plus ou moins long. Cela devient parfois évident très vite. Tout dépend et de vous, et de l'humeur, et du paysage.

Quand vous percevez cet ensemble comme une

seule surface lisse et sans tension interne, l'expérience peut commencer vraiment. Imaginez que tout ce que vous voyez, du ciel jusqu'au sol, immobile ou en mouvement, n'apparaît que sur une toile tendue, immense. Écran géant, écran « total », au grain parfait, à la définition impeccable.

Si vous atteignez ce point et qu'il vous paraît acquis que tout ce qui est face à vous n'est qu'une toile colorée, à peine mouvante, un cinéma colossal et ancien, alors vous allez pouvoir imaginer que la toile va se replier. Ce grand rideau où le paysage se trouve pris tout entier, vous allez le voir très lentement laisser place à autre chose en se pliant.

Dans quel sens ? Par le haut ? Par le bas ? À partir d'un angle ? Ou d'un côté, verticalement ? Ce sera selon votre humeur.

Le point à atteindre est celui où l'on ressent l'existence possible d'un monde qui se plie. Vous devez arriver à demeurer dans la légère appréhension de découvrir ce qu'il y a derrière. N'imaginez pas forcément une nuit abyssale, un feu torride, un gouffre. Rien. L'important est d'éprouver que le monde est éventuellement toujours exposé à une glissade, à une dérobade, à une absence de certitude. L'important est que vous ressentiez ce léger trouble dans la présence du paysage.

Avant que le rideau ne se lève, vous pouvez sortir de cette expérience en annonçant quelques minutes d'entracte. De toute façon, vous ne vous en tirerez plus par des pirouettes de ce genre. Vous savez désormais que le rideau ne vous attendra pas. La présence de la réalité est dégradée, l'évidence du monde atteinte par la corrosion. Tout peut arriver, partout, tout le temps, à l'improviste.

7. PERDRE QUELQUE CHOSE ET OUBLIER QUOI

Durée : imprévisible
Matériel : indifférent
Effet : angoissant

On peut organiser toutes sortes de préparatifs, jamais la perte ni l'oubli. Cette expérience ne peut donc être montée. Les deux conditions essentielles doivent se trouver réunies par hasard.

Il faut avoir perdu un objet, quelconque ou important, savoir déjà qu'on l'a effectivement égaré, mais n'être pas en mesure de se remettre en mémoire de quoi il s'agit. Il faut donc – c'est rare, pas impossible – être victime d'une double perte : d'une chose, et d'un souvenir.

Vous savez que vous avez égaré un de vos objets usuels, ou encore quelque chose que l'on vous a confié, ou même un papier dont vous aviez la responsabilité, peu importe... mais vous ne savez pas encore, malgré tout, de quoi il s'agit.

Pour l'instant, vous avez seulement le sentiment confus d'un trou dans la continuité des choses, sans la possibilité de l'identifier en lui donnant des contours plus précis. Un dérapage non rattrapable, une inquiétude redoublée d'avoir oublié quelque chose et de ne pas même savoir en quoi consiste cette chose sans identité, voilà ce que vous devez rencontrer.

On peut répéter que le cas est rare, qu'il est exclu de vouloir le provoquer. On ne peut qu'attendre le surgissement, assez peu probable, de cette circonstance. Et se préparer à son apparition possible. Après tout, elle est peut-être plus fréquente qu'on ne pense. D'habitude, ce sont des moments que l'on masque à soi-même. On les enfouit, on rabat le sable. Ils se fondent sous la poussière étincelante des riens de tous les jours, comme grains en suspens que l'on voit seulement dans les rayons de soleil.

Ici, il s'agit au contraire d'attendre de tels moments pour y prêter attention. Si par chance une telle rareté vous advient, l'expérience consistera à vous installer dans l'étrangeté de ce que vous éprouverez. Ce n'est pas un regret, parce que aucun contenu ne peut lui fournir matière à se constituer. Ce n'est pas non plus une honte, une gêne diffuse ou mal compréhensible. C'est à la fois plus flou et plus terrible. Avoir oublié l'oubli et savoir « confusément » qu'un oubli a eu lieu. Mais qu'est-ce qu'un savoir confus ? Cela existe-t-il ? Comment l'appeler ? De quelle manière existe cette vision de biais sur le temps ? Comme si l'on se voyait soi-même, du dehors, mais de côté, imparfaitement, sous un angle déformé, avec une visibilité faible.

Alors, vous pouvez être saisi de cette crainte sourde d'un manque irréparable qui se révélerait soudain sans que vous sachiez exactement quel est son contenu. Pour en savoir plus, vous pouvez lire, au choix, des ouvrages sur la psychose ou sur la mystique.

8. SAVOIR OÙ L'ON ÉTAIT LE MATIN

Durée : variable
Matériel : aucun
Effet : suspensif

C'est une expérience pour gens surmenés. Elle convient aux voyageurs épuisés, aux commerciaux sous pression, aux décideurs stressés, à tous ceux qui en font trop.

Il est utile que la journée soit bien avancée. Ou bien qu'elle soit très chaotique. Ou encore qu'elle succède à de nombreuses journées de surcharge, de déplacements et d'agitation. Bref, il convient, pour conduire cette expérience, que l'accumulation des efforts vous ait rendu plus ou moins ivre d'épuisement. Choisissez le moment où vous commencez à sentir que vous n'êtes plus en mesure de tout maîtriser. Des fils vous échappent. Tenir ensemble tant de changements et de données est aux limites de vos forces.

Lorsque vous êtes parvenu à ce stade de tension, de fatigue et de nervosité où l'on doute de sa capacité à poursuivre, l'expérience est très simple. Demandez-vous : où étais-je ce matin ? D'autres variantes sont possibles : quelle est la première phrase que j'ai entendue ? Quel a été mon premier rendez-vous ? Avec qui ai-je passé la nuit ? (etc., selon le genre de vie que vous menez).

Des multitudes de gens répondront à ces questions sans une seconde d'hésitation. Ils savent immédiatement où ils se sont réveillés. Ce qu'ils ont mangé, dit, lu, entendu, les gens qu'ils ont vus. Ces interrogations sont dépourvues d'intérêt pour ceux qui vivent dans la nécessaire évidence de la répétition, la monotonie des heures et l'immobilité des jours. Eux savent tout de suite, parce que c'était aujourd'hui comme d'habitude et comme toujours. Le bureau, le magasin, la ferme, l'usine. Pas de changement.

Pour les autres, les nomades, les surchauffés, les mutants, le fil n'est pas toujours évident à renouer. Quand se succèdent réunions, décisions, déplacements, savoir ce que l'on a fait quelques heures plus tôt peut être très difficile. L'important n'est pas l'amnésie ou le souvenir. C'est le sens de l'hésitation. Expérimentez ce moment. Quelques secondes, quelques minutes. Vous demeurez suspendu, hésitant, ne sachant plus ce qui, dans votre propre existence, a de si peu précédé le moment présent. Vous savez bien que votre corps était quelque part, vous êtes convaincu qu'il s'en souvient, que la réponse va venir. Et pourtant cela dure, la continuité ne se fait pas, vous demeurez à l'écart de vous-même, à distance de votre propre temps. Vous savez que c'était bien vous, qu'il y a eu ce moment, cette phrase, ce réveil. Cependant, au moins pour l'instant, il n'en revient rien, vous demeurez sur le bord de l'instant, il y a des trous dans le passé, et cela vous inquiète. Car sa continuité est une croyance, évidemment.

9. SE PROVOQUER UNE DOULEUR BRÈVE

Durée : quelques secondes
Matériel : aucun
Effet : retour sur terre

Vous vous ennuyez. Le spectacle est interminable. Ou le cours est sans intérêt. Ou vous attendez un appel qui ne vient pas. Ou vous ne savez pas quoi faire, et vous hésitez. Le monde flotte dans une sorte de brume. Vous vous sentez devenir vous-même inconsistant, comme si votre substance commençait à perdre ses contours, à se répandre vaguement tout alentour. Il se pourrait même que vous deveniez de plus en plus vaporeux, laiteux, allégé. Vous ne savez plus exactement qui vous êtes ni où vous êtes. L'ennui a commencé à vous dissoudre.

Pincez-vous. Fortement, intensément. À un endroit où ça fait mal. Par exemple l'intérieur du bras, le cou, l'aine. La douleur provoquée doit être brève, mais intense. Assez pour provoquer un cri, que vous devrez éventuellement retenir.

Pour déjouer vos défenses, agissez vite. Ne vous laissez pas le temps d'attendre la douleur ni de vous y préparer. Soyez brusque. Essayez, si l'on peut dire, de vous prendre par surprise. Faites votre possible pour vous dédoubler, ne pas vous voir venir. La douleur doit vous saisir comme un hasard, un accident, une brusque rencontre. Elle doit fondre sur vous, paraître fulgurante dans la torpeur.

Si la violence est suffisante, l'effet est assuré : vous retrouvez le réel, votre corps vous est rendu, vous savez où vous êtes, l'effet de brume se dissipe, vous sortez de l'ennui, vous revenez dans le monde.

Il ne reste qu'une question, que vous allez devoir ruminer : pourquoi la souffrance peut-elle redonner accès à la réalité ? Simple effet de rappel ? Brusque contraste ? Ou bien avons-nous mis en place, au fil des millénaires, une telle manière de vivre que la douleur est devenue comme le premier indice du monde ? Question lancinante.

10. SE SENTIR ÉTERNEL

Durée : illimitée
Matériel : aucun
Effet : reposant

Notre éternité n'est pas une croyance. C'est un fait. En tout cas, il est possible de l'envisager comme une réalité perceptible, et non pas démontrable par des raisonnements. On ne conclura pas au terme d'une longue série de processus abstraits. Se sentir éternel est à expérimenter. Cela peut sembler insensé. Essayez malgré tout.

Imaginez le voyage vers la perception de l'éternel comme un parcours vers le dedans de votre corps. La peau est dans le temps, c'est la périphérie, les cercles extérieurs. Le cœur encore est dans le temps, pulsant et pulsé, ainsi que les poumons et l'estomac, soumis à leurs rythmes respectifs. C'est en dessous, plus au-dedans, que se trouve l'espace sans temps. Dans ce pur espace, en arrière de votre regard, vous allez pouvoir contempler le décollement de la pellicule du temps. Vous la verrez se détacher de vous et des choses comme une coque allant rouler au loin.

Si vous étiez là, vous verriez vos propres pensées défiler sans se fixer ni laisser de traces, vous verriez toutes choses se mouvoir au présent, dans un présent dilaté, élargi, étendu aux dimensions de l'univers.

L'expérience consiste à éprouver du dedans le caractère superficiel du temps. Vous devez sentir, d'abord comme une sorte d'hébétude insoupçonnée, ensuite comme une évidence de plus en plus familière, que le noyau le plus fondamental dont vous êtes constitué n'a rien à voir avec les successions de l'ordre du temps. Vous les contemplez. Vous les accompagnez. Vous n'y êtes pas inclus. C'est en tout cas ce dont vous devez parvenir à vous persuader.

La question n'est pas de savoir s'il en est réellement ainsi. L'essentiel est que vous ayez, même fugitivement, l'impression sincère que c'est vrai. Peu importe qu'en fait nous soyons éphémères. Si, au sein de ce flux incessant, dans cet écoulement interminable et discontinu des heures, nous avons une fois au moins l'entière conviction de notre éternité, alors nous échappons au temps. L'illusion suffit.

Il n'y a rien de plus à dire sur cette expérience. La vraie difficulté consiste à la comprendre. Et donc à persister jusqu'à la clarté.

11. TÉLÉPHONER AU HASARD

Durée : 20 à 30 minutes
Matériel : une ligne téléphonique
Effet : humanisant

Décrochez. Commencez à composer un numéro de téléphone. N'importe lequel, sans chercher à savoir ni à contrôler. Tapez sur le clavier des chiffres au hasard. Attendez de voir ce qui se passe. La plupart du temps, au début, l'expérience est décevante. Sonneries occupées, disques d'erreur, silences, blancs. Des impasses. Sauf si vous avez beaucoup de chance, vos premières tentatives ne débouchent sur rien. Le téléphone ne marche pas au hasard. Il faut donc vous organiser, réduire la part d'aléas.

Commencez par déterminer le nombre total de chiffres que vous allez composer, variable selon le pays où vous êtes, les préfixes nécessaires, la contrée où vous pensez aboutir. Vous pouvez évidemment jouer par alternance avec les appels seulement nationaux, ou bien étendre le hasard à toutes les régions du monde (selon votre humeur, vos compétences linguistiques, votre budget).

Évidemment, rien de cela ne saurait constituer une plaisanterie. Ce jeu n'a rien à voir avec une blague comme en font, au téléphone, tous les adolescents du monde. C'est d'ailleurs la première chose que vous aurez à faire comprendre à vos interlocuteurs. « Je vous téléphone au hasard. Pourriez-vous me dire qui vous êtes ? », telle peut être la première phrase. Vous devez faire admettre, si vous y parvenez, qu'elle n'est pas une plaisanterie.

Ensuite, c'est imprévisible. On vous raccroche au nez ou vous entamez une conversation improbable avec la standardiste d'une entreprise de poutrelles métalliques établie à Manchester. On vous injurie, ou vous inaugurez une relation étrange, à demi anonyme, avec une personne inconnue la seconde d'avant.

L'expérience ne consiste pas à se faire de nouveaux amis ni à draguer sans bouger de chez soi. Rien de répréhensible, mais ce n'est pas l'objectif. Il s'agit d'éprouver combien le monde humain est *épais*, à la fois proche et infini. Téléphoner au hasard doit être le point de départ de microaventures dans cette épaisseur. Odyssées infinitésimales. Dépaysements instantanés, crevasses soudaines dans le quotidien compact, petites trouées d'étrangeté. Il suffit de raccrocher pour se retrouver chez soi. Pourtant pas tout de suite. Il y a toujours des effluves d'ailleurs qui demeurent dans l'air. Ou bien une effilochure de vous est restée quelque part à la traîne, vous ne savez pas très bien où.

12. RETROUVER SA CHAMBRE APRÈS UN VOYAGE

Durée : 10 à 20 minutes
Matériel : un retour chez soi
Effet : reposant

Il faut revenir de loin. Ou bien avoir été absent longtemps. Vous vous êtes déshabitué de vos repères familiers. Il vous a fallu dormir dans des lits différents, vous accoutumer à d'autres nourritures. Vous avez changé de climat, de rythme, d'horizon. Vous avez entendu d'autres langues, pratiqué d'autres activités que de coutume. Votre corps, votre âme, se sont conformés à des plis nouveaux. À présent, la porte de chez vous n'est plus très loin. C'est ce moment qu'il faut explorer. Déjà, depuis quelques minutes, des points de repère se réactivent. Vous regardez assez curieusement les routes ou les rues alentour, les maisons voisines. Vous saviez bien que c'était ainsi. Ce n'est pourtant pas tout à fait comme avant. Dire ce qui a changé n'est pas simple. Rien, évidemment. Quelque chose pourtant. Et pas simplement vous. C'est dans les choses mêmes, ou bien entre elles et vous, qu'il semble y avoir eu des éléments décollés.

Vous ouvrez la porte. Allez directement dans votre chambre. Allongez-vous sur le lit, regardez attentivement autour de vous. Il faut d'abord retrouver le volume, recadrer les distances, réajuster les couleurs. Aucun de ces mots ne convient. Le processus, qui se déroule très vite, est bien plus subtil que le vocabulaire disponible. Vous connaissez par cœur cet espace, sa répartition, ses teintes. Mais vous ne les aviez pas perçus ces derniers temps. Vous aviez dû vous exercer à d'autres sensations. Le retour de celles-ci fait connaître à la fois leur familiarité et la distance prise envers elle.

Soyez attentif à ce que vous avez éventuellement oublié. D'infimes détails : une tache sur le mur, un pli du tapis, un léger creux du parquet, des choses comme ça. Vous les savez. Vous ne les aviez plus en tête. Elles s'étaient estompées. Sans vous étonner, elles vous surprennent un peu. Tentez de rester dans cet équilibre instable entre les empreintes anciennes, dans lesquelles vous allez bientôt vous couler de nouveau sans effort, et les ajustements différents que vous avez opérés en votre absence. Ce temps de flottement passe vite. Vous allez très bientôt recoller toutes les pièces, et faire le récit de votre voyage au passé.

Avant que ne reprenne le cours sans question des travaux et des jours, demandez-vous comment votre chambre vous a attendu, comment elle a pu ne pas changer. Il est difficile de comprendre comment une réalité peut parvenir à demeurer identique en votre absence. Et vous, qu'avez-vous fait de votre côté, pour votre part, pour que cette chambre demeure identique à elle-même ? L'avez-vous portée dans un coin de votre mémoire ? L'avez-vous soutenue, nourrie, activée, retenue ? Est-ce à vous, est-ce à elle-même, ou à qui ou à quoi d'autre, que cette chambre doit, quand vous n'y étiez pas, de ne pas s'être effondrée dans le néant, ou bien d'en être finalement ressortie intacte ?

Il y a bien sûr des gens qui haussent les épaules, trouvent de telles questions idiotes. Les choses restent où elles sont sans rien avoir à faire pour cela. Et nous les retrouvons. Un point, c'est tout. Pas si sûr.

13. BOIRE EN PISSANT

Durée : 1 ou 2 minutes
Matériel : toilettes et verre d'eau
Effet : ouvrant

Depuis des centaines de milliers d'années, l'immense majorité des humains vit et meurt sans avoir connu l'expérience qui va suivre. Elle est pourtant extrêmement facile, et particulièrement intéressante.

Comme tout le monde, vous pissez. Et vous buvez à d'autres moments. Vous ignorez ce qu'on peut éprouver quand on fait les deux en même temps. Cette expérience va vous permettre de le découvrir.

Vous aurez donc, tout bêtement, préparé un grand verre d'eau. Quand vous commencez à uriner, commencez à boire. Vous devez, autant que possible, boire de façon continue, d'un trait, sans temps d'arrêt. Des sensations tout à fait insolites vous habitent aussitôt. L'eau qui sort par votre sexe entre presque aussitôt en continuité avec celle qui entre par votre bouche. Vous allez donc soudainement imaginer, et surtout éprouver, une organisation de votre corps que vous n'aviez jusqu'alors pas même soupçonnée possible. L'eau que vous buvez vous paraît sortir directement de votre vessie. Vous découvrez en quelques secondes un circuit direct, gorge-urètre, un parcours instantané estomac-vessie, une physiologie impossible que cependant vous éprouvez de manière directe et indiscutable.

Vous vous inventez en quelques secondes un corps délirant, simplissime, et que pourtant vous éprouvez, de manière manifeste, indubitable. Plus d'intestin, de reins, de temps d'attente, de filtrage, de dialyse. L'eau circule en vous à la verticale, vous êtes traversé par le liquide frais, lavé du dedans, nettoyé d'une manière singulière et palpable. Votre organisme paraît ouvert du dedans, l'eau circulant souplement entre intérieur et extérieur, comme, au choix, un flux cosmique ou un lavage automatique.

Cette expérience, renouvelable indéfiniment, d'un coût nul, toujours susceptible de réserver de nouvelles découvertes ou de curieuses surprises, n'est pas considérée comme une cure thermale.

14. FAIRE UN MUR ENTRE SES MAINS

Durée : 10 minutes environ
Matériel : aucun
Effet : dédoublant

Vos mains paume contre paume, doigts contre doigts, à la hauteur de vos yeux. Décollez les paumes, en maintenant le contact des extrémités de chaque doigt. Rapprochez de façon intermittente les paumes, sans qu'elles se touchent. Vous pressez et résistez avec chaque main, en écrasant de plus en plus fortement la pulpe des doigts, à l'intérieur de la dernière phalange.

Chacune de vos mains doit alternativement s'ouvrir et se fermer, comme si vous tentiez de repousser un mur, de résister à la pression d'une surface plane et inerte. Faites jouer au maximum vos articulations, sentez la tension des muscles dans les paumes, l'étirement des ligaments. En répétant plusieurs dizaines de fois pression et flexion, vous allez découvrir l'ambiguïté de cette situation.

Vous êtes à la fois celui qui presse et celui qui

résiste. Vos mains étant de chaque côté, vous éprouvez une difficulté inhabituelle pour savoir où vous êtes. Vous êtes l'autre, l'autre est vous. Il y a plus étrange quand l'expérience se prolonge. Car vous ne savez plus où est le vivant et où est l'inerte. Pour chaque main, la résistance à ses mouvements constitue le dehors, et se trouve perçue comme un mur. Vous ressentez de chaque côté l'effort vivant, pas la surface plane. Vous percevez la peau, la pulpe – pas la présence du mur. Ce mur supposé, virtuel et cependant palpable, vous ne savez où le localiser.

La situation est compliquée par le fait que vos deux mains sont sous vos yeux : ce que vous voyez ne coïncide pas avec ce que vous sentez. L'image est normalement unifiée : deux mains symétriques. La sensation est anormalement scindée : chaque main est comme la non-vie de l'autre. Dans ce corps à corps avec vous-même, *mano a mano* en circuit fermé, vous faites l'expérience que « je est un autre ».

15. MARCHER DANS LE NOIR

Durée : quelques secondes
Matériel : une pièce noire
Effet : dépaysant

Soudain le noir. Panne d'électricité, réveil brusque, souci de ne pas réveiller ceux qui dorment... Peu importe la raison. Vous marchez dans le noir. De préférence sans l'avoir prévu. Pas de repérage, à la lumière, de vos trajets, des obstacles et des distances. Il vous faut, avec vos seuls souvenirs, dans l'obscurité la plus complète, traverser une pièce très familière, votre propre chambre, ou votre salon. Ce qu'il convient d'expérimenter, ce sont vos ruptures de certitude. Vos tâtonnements disent que vous ne savez plus vous orienter dans ce cadre habituel, mille fois parcouru. Combien de pas du lit à la porte ? N'y a-t-il rien entre ? Où est le bras du fauteuil ? Le coin du lit ? Ces lieux rassurants se truffent de points d'interrogation.

Les plus simples gestes se hérissent de risques, se heurtent à une foule brusque de perplexités. Surtout, vous ne savez plus exactement calculer. Ce que vous pensiez savoir, dans la lumière, se révèle ici incertain. Tout est mal assuré. Vous tendez les bras en pensant que vous allez heurter quelque chose, toucher le mur, sentir le chambranle de la porte... Rien. Vous continuez à tâtonner dans le vide. Ce qui vous a envahi, dès la deuxième seconde, sans que vous ayez pu tout de suite vous en rendre compte, c'est l'hébétude de l'ignorance. Le noir vous rend idiot. Il a opacifié votre tête, détraqué vos jalons. Vous vous cognez soudain au coin de la commode. Vous n'aviez pas soupçonné qu'elle était là. Vous étiez donc tout à fait dans l'erreur. Vous n'étiez pas là où vous pensiez être. Le meuble a surgi des ténèbres et vous a frappé assez fort, juste en angle, haut dans la cuisse, là où ça fait le plus mal.

L'absence de lumière fausse tous vos calculs. Elle désorganise vos contours. Votre corps est comme perdu, incertain. Il n'est plus en mesure d'agir, sauf par toutes petites secousses, par saccades minuscules. Il ne vous manque pourtant qu'assez peu de choses. Toute la réalité connue est demeurée à sa place, en ordre. Rien n'a bougé, ni les choses ni leurs relations réciproques. Pourtant elles vous sont devenues incompréhensibles. Distantes et vaguement menaçantes.

Dans le noir, le monde est censé être « le même » que dans la lumière. Vous pouvez toutefois expérimenter qu'il change du tout au tout, selon qu'il est visible ou non. Ce que nous appelons « le monde », « la réalité », « la vie normale », se situe dans une couche mince, aisément perturbable.

16. SONGER À TOUS LES LIEUX DU MONDE

Durée : 20 à 30 minutes
Matériel : aucun
Effet : joyeux

Vous êtes las d'être là. L'endroit a ses limites, il se répète, n'a plus rien qui surprenne ou même simplement intéresse. Ce lieu unique, toujours identique à lui-même, clos, vous en avez décidément assez. L'issue n'est pas très difficile. Songez à l'infinie diversité des lieux qui existent, proches ou lointains, au même instant.

Des sites célèbres : le parvis de Saint-Marc à Venise, les remparts de Jérusalem, l'entrée de Central Park vers la Cinquième Avenue, la cathédrale de Yamoussoukro, les Pyramides, la petite sirène de Copenhague, la place de Mai à Buenos Aires, le Colisée, les Champs-Élysées, la Cité interdite, Beverly Hills, la place Rouge, le Parthénon, Trafalgar Square, le fort rouge de Delhi, Topkapi... liste indéfinie, interminable, de mouvements, de places, de bâtiments, de cafés, de statues, de hauts lieux de toutes natures.

Cela ne suffit pas. Songez aussi, jusqu'au vertige, à la multiplicité infinie des endroits modestes. Espaces anonymes, sans arrogance : arrière-cours, placettes, impasses, ruelles, venelles. Même ces très humbles recoins : remises, granges, greniers, celliers, caves, placards, garages. Dans la moiteur des tropiques, la sécheresse des déserts, le froid humide des contrées brumeuses. Avec des palmiers ou des bouleaux, des cactus ou de vieux sapins, du sable blanc, des roches rouges, de la boue, des neiges éternelles, la pure blancheur de l'écume sur le bleu profond de l'océan.

Avec aussi, jusqu'à l'extase, la liste inépuisable de ce que font les gens, tous les gens, à l'instant, dans tous ces lieux du monde : ceux qui font l'amour, jouissent, crient, pleurent, mangent, meurent, dorment, suent, peinent, s'amusent, s'étonnent, se jalousent, voyagent, cuisinent, lisent, reviennent, chantent.

Vous pouvez nager dans cette multiplicité, vous laisser porter par cette diversité sans fin. Le lieu où vous êtes n'est pas simplement un dans l'infini. Il contient tous les autres. Tout cela est entièrement dans votre tête. À disposition, en permanence. À vous et à tous.

17. ÉPLUCHER UNE POMME DANS SA TÊTE

Durée : 20 à 30 minutes
Matériel : aucun
Effet : rassemblant

Nous nous croyons en général capables de nous représenter la réalité quotidienne avec une assez grande exactitude. Objets environnants, lieux familiers, aliments, gestes accomplis de façon répétée nous paraissent disponibles dans notre esprit. Nous pensons pouvoir allumer l'écran de notre conscience (si l'on ose dire) et y faire apparaître, avec une précision suffisante, toutes ces images connues. Sans doute avons-nous déjà plus de difficultés quand il s'agit d'évoquer des bruits et surtout des odeurs. Revivre mentalement un toucher (caresse, effleurement, baiser) est sans doute plus ardu encore.

Il se pourrait bien, malgré tout, que notre conviction de pouvoir reproduire la réalité dans notre tête – de façon assez aisée, assez efficace – soit pour une large part une illusion.

Pour éprouver cette difficulté d'habitude masquée, il suffit, par exemple, de tenter d'éplucher une pomme dans sa tête. L'exercice paraît simple. Vous imaginez le fruit, le couteau, l'incision, la pelure, voilà tout. Et pourtant ! Vous devez d'abord, pour que l'image possède quelque rapport à la réalité, choisir une variété de pomme, vous représenter exactement sa taille, sa couleur, son grain particulier. Vous devez avoir en tête une pomme de telle variété, mais aussi dans celle-ci une pomme singulière, dont les nuances de teintes, les parties éventuellement différentes, plus claires ou plus foncées, ou encore les bigarrures, les petites taches et les plis infimes vous apparaissent de la façon la plus claire possible. Imaginez le couteau : son manche est-il en bois ? En plastique ? En métal ? La lame est-elle crantée ? Lisse ? Terne ? Aiguisée ? Est-ce un couteau de cuisine, un couvert bourgeois, un Opinel de campagne, un laguiole chic-rustique ?

Et puis, comment allez-vous procéder ? En jouant à ne faire qu'une pelure unique, en tournant la pomme sur elle-même sans à-coups, sans rompre le rythme ? En découpant d'abord des quartiers, qui seront ensuite un à un débarrassés de leur peau ? Vous devez chaque fois vous représenter les mouvements avec une précision chirurgicale, une exactitude photographique. Le but à atteindre, c'est que ce film exact de l'épluchage se déroule dans votre esprit plan par plan, image par image, seconde par seconde. Sans arrêt, sans raté, sans erreur. Aucun flou, aucune hésitation. Et surtout aucun blanc, aucune reprise. Vous n'avez pas droit à un raccord entre deux séquences.

Vous n'y arriverez pas, sauf grand entraînement, exceptionnelle maîtrise. Il est surtout probable que vous perdiez le fil. La pomme change de couleur ou de forme, ses caractéristiques ne se maintiennent pas, l'épluchure ne tombe pas comme il faut, le couteau ne suit plus son chemin, le mouvement devient saccadé, les images sont hachées, pénibles à reprendre et à enchaîner sans heurt les unes aux autres. Vous pourrez constater, si vous répétez plusieurs fois cette expérience, que le résultat s'améliore. Il est possible de progresser, de manière parfois lente ou relativement pénible. C'est en tout cas un bon exercice de concentration. Mais cette expérience peut avant tout vous faire constater à quel point notre esprit est peu fidèle à la réalité, peu capable de la retenir ou de la reproduire correctement, bien présomptueux quand il se l'imagine.

18. SE REPRÉSENTER DES ENTASSEMENTS D'ORGANES

Durée : 30 à 40 minutes
Matériel : planches anatomiques (facultatif)
Effet : impitoyable

Le principe de départ est simple. Une main animée, sur un corps humain, n'a rien d'angoissant. Vous ne la remarquez même pas. Ou bien, si quelque chose en elle attire votre attention (sa finesse, sa subtilité, ou au contraire son aspect trapu, carré, trop court), c'est d'une manière significative, vivante, porteuse d'associations d'idées immédiates. Au contraire, une main inerte, détachée du corps, isolée, vous tiendra d'abord en arrêt. Quand ce n'est pas une main célèbre, mais simplement un moulage en plâtre (la main de Voltaire, celle de Chopin, etc.), l'effet peut être sidérant. Ainsi arrivait-il aux hommes de Sakhaline de jeter la main coupée de l'un d'entre eux dans les cargaisons en partance, pour dire au monde qu'ils existaient.

L'effet est encore autre, et bien pire, quand des

mains entassées (imaginez même simplement des mains en plâtre, en carton ou en bois) sont posées les unes sur les autres comme un monceau d'objets. Quand des fragments de corps humains, tous d'une même sorte, sont entassés pêle-mêle, comme des objets dépourvus de fonction, des bouts sans identité, le malaise qu'on expérimente est très particulier. Rien à voir avec les étals de boucher. Vous pouvez traverser des halles ou de grands marchés de viande avec écœurement et une soudaine lassitude. Mais vous trouverez sensée l'exhibition monotone des chairs mortes. Vous saurez que c'est usuel.

Quand vous imaginez des mains empilées, ou un tas de bras, ou des monceaux de pieds, vous ne savez que faire de cette représentation. Parce que chaque main ou chaque pied appelle un corps, réclame d'être rattaché à un membre, replacé dans un ensemble. Et aussi parce que le tas lui-même les paralyse encore autrement. Il ajoute à la solitude absurde de l'organe une autre horreur : celle d'être pris dans une multitude insensée d'abandons similaires. Nul ne peut rien faire de cette similitude. On peut comprendre en effet que des écrous semblables soient rangés ensemble, ainsi que n'importe quelle catégorie d'objets. Il n'y a pas de motif humain compréhensible pour que soient entassés des organes humains.

À défaut de pouvoir contempler réellement de telles images, vous pouvez vous appliquer à les halluciner. Imaginez qu'ici, juste en face de vous, s'entassent des jambes, une centaine environ, rien que des jambes isolées, de diverses couleurs de peau, de divers âges, des pleines et rondes et des ridées, des petites et des grosses à varices, des poilues et des épilées, des livides et des rougeaudes, des bleuâtres et des sanguinolentes, tournées à peu près dans tous les sens. Voyez les orteils écartés ou ceux qui se chevauchent, les ongles perdus, les veines aux chevilles, les genoux qui saillent ou s'estompent.

Vous pouvez répéter cette expérience avec seulement des doigts, des épaules, des seins. Vous pouvez tenter de la poursuivre avec des cœurs, des poumons, des foies, mais le résultat, quoique peut-être plus écœurant, est moins troublant que si vous imaginez des têtes, visages défaits, yeux clos ou ouverts, lèvres bleues, cheveux collés pour la plupart. Vous pouvez même concevoir un monde où l'humanité, au lieu de demeurer en vie normalement, aurait été dépecée et rangée par tas, de carrefour en carrefour, des piles d'organes entassés marquant au bord des routes le triomphe d'un ordre nouveau.

19. SE CROIRE EN ALTITUDE

Durée : 15 à 30 minutes
Matériel : pièce close
Effet : ascensionnel

Vous êtes n'importe où en bas. À la hauteur de la mer, ou à peine au-dessus. L'expérience consiste à tenter de faire monter tout ce qui vous entoure à une altitude remarquable, par exemple quatre mille mètres. Pure autosuggestion. Rien, dans ce que vous voyez autour de vous, n'est radicalement modifié. Mieux vaut choisir une pièce close, de préférence sans fenêtre, en tout cas sans vue sur l'extérieur.

Vous devez seulement vous glisser petit à petit dans une lumière plus transparente, allégée. Votre respiration va devenir plus profonde et plus rapide : l'oxygène se raréfie. Vous ressentez si possible de légers picotements à l'intérieur des narines. Vos tempes sont serrées, par moments. Il se peut que vous ayez de brefs vertiges, la sensation d'avoir la tête brumeuse. Vous vous appliquerez surtout à ressentir une légère oppression dans la région du cœur. Presque en permanence, et un peu plus forte si vous bougez. Vous remarquerez que vos mouvements sont franchement plus lents, vos gestes moins vifs. Vos pensées elles-mêmes sont moins bien enchaînées.

Il se peut que vous ne parveniez pas du premier coup à produire ces effets. N'hésitez pas à recommencer. En répétant plusieurs fois la tentative, le résultat peut s'améliorer nettement. Avec un entraînement suffisant, vous pouvez espérer produire presque sans échec cet effet d'altitude.

Reste à savoir pourquoi. Les impressions ainsi créées sont relativement désagréables. Le bénéfice apparent est nul. Le changement d'altitude, au premier regard, ne donne rien de nouveau à voir. Il n'engendre aucun accès particulier à des réalités escamotées par la surface des évidences. Alors, à quoi bon ? Pourquoi s'halluciner, se donner tant de mal, se persuader de tant de choses fausses ? Vous y gagnerez au moins quelques doutes sur l'objectivité. Et surtout cette conviction : il est possible, au moins par moments, de rêver le monde avec le corps. Après tout, ce n'est pas un mince constat.

20. IMAGINER QU'ON VA MOURIR

Durée : 5 à 10 minutes
Matériel : aucun
Effet : léger

Nous pouvons toujours disparaître brusquement. Imaginez donc, comme tant d'autres, que vous risquez de mourir lorsque vous prenez l'avion. Ou que vous entamez un long trajet en voiture. Ou quand le train démarre. Vous pouvez également être tué par un autobus, un camion, une voiture, voire une moto. Des accidents invraisemblables vous guettent partout, à chaque seconde. Vous n'avez en fait, dès que vous y réfléchissez avec calme, aucune raison de cesser de redouter une mort proche. Si vous écartez une telle hypothèse, ce n'est pas seulement en raison du désagrément qu'elle procure. C'est surtout parce que sa probabilité vous paraît très faible. À juste titre. Vos chances de vivre encore dans une heure (et même demain) sont relativement fortes.

Pourquoi, dès lors, vous soucier de cette éventualité improbable ?

L'ennui, c'est que votre décès est une certitude. Ni le jour ni l'heure, c'est entendu. Mais inéluctable, absolument. Assuré, sans défaut, sans exception. Il vous faut donc imaginer votre propre disparition, sa nécessité. Tentez de vous représenter votre agonie, votre cadavre, votre enterrement, le pourrissement de votre corps, votre squelette. Visualisez la tombe, les liquides immondes. Sachez que vous ne verrez plus la lumière ni la rondeur du monde. Vous en aurez terminé à jamais avec les vents tièdes, les moiteurs, les éclats, les couleurs et les parfums. Vous ne saurez plus rien des chairs à caresser ou à mordre.

Il est possible que ces idées vous chagrinent. Vous serez sans doute soulagé d'apprendre que ce malaise est absurde et, en fait, dépourvu d'objet. Dans ces ruminations morbides, vous vous supposez à la fois mort et vivant. Vous êtes mort, sinon vous ne seriez ni enterré ni en train de pourrir. En même temps, vous êtes toujours vivant, capable encore d'être affecté de sensations et d'émotions. C'est là que réside l'erreur. C'est dans votre tête présente, dans votre corps en vie, qu'existent ces représentations. Quand vous serez mort, elles ne seront plus.

On ne peut s'imaginer mort. Ce sera toujours une pensée de vivant. Toute votre imagination est du côté de la vie. Même morbide, sépulcrale, vampiresque, même pleine de toiles d'araignées et de cercueils sous terre, elle n'a, à proprement parler, aucun rapport avec la mort. Elle n'a rien à voir avec elle. Il n'y a qu'un univers. Il n'a pas de dehors. Ce qu'on pense à propos de son dehors se pense à l'intérieur, et ne parle aucunement du dehors. Vous êtes rassuré ? Évidemment non, mais vous avez entrevu une différence entre vie et philosophie. La première panique, s'émeut, s'impatiente, s'excite. La seconde est convaincue que tout cela peut s'arranger si l'on y pense comme il convient. Voilà qui est faux. À tout le moins approximatif.

21. TENTER DE MESURER L'EXISTENCE

Durée : vie entière
Matériel : mètres, balances, tensiomètres, accélérateurs de particules et autres
Effet : vain

Le monde avait autrefois des longueurs diverses. Le poids changeait d'une province à l'autre. La variété des mesures était telle qu'on ne savait jamais très exactement combien pesait un pain ou quelles étaient les dimensions d'une porte. Le quotidien était approximatif et mal ajusté. On avait en principe mathématisé le monde. Il subsistait malgré tout de grands pans d'incertitude et de flottement.

Nous avons modifié cela. Les normes sont fixes, les étalons unifiés. Nous ne cessons de mesurer les choses qui nous entourent. Préparez un gâteau, les quantités pesées sont exactes. Décorez une pièce, réparez un moteur, construisez un modèle réduit, organisez un potager, il y a toujours une mesure à prendre, des calculs à effectuer.

Vous leur accordez plus de confiance (à juste titre)

qu'à vos estimations. Pas de voyages sans cartes, bornes, plans de vol, sextants, boussoles, altimètres, tachymètres, relais satellites, radars, GPS, et machines à venir. Vous mesurez vos enfants, vous les pesez, vous les analysez. Vous êtes vous-même régulièrement soumis à ces comptages : analyses de sang, d'urine, d'excréments, de sperme, prélèvements de cellules, de bout de peau, radiographie, biopsie, endoscopie. Évalué, pesé, testé sous tous les angles. On dose la quantité d'oxyde de carbone dans l'air que vous expirez, la quantité d'albumine ou de potassium que vous pissez, la quantité de gras ou de sucre qui vous parcourt les veines. On se soucie, ou vous vous souciez, ou les deux, de votre poids, votre tension artérielle ou votre taux de glucose.

Tous ces décomptes sont utiles. Mais vous devez aussi faire l'expérience mentale de leur caractère secondaire et vain. Demandez-vous, par exemple, comment se mesure l'existence. Avec quel instrument ? Selon quelle unité ? D'après quel code ? Dans quel repère ? Votre existence, direz-vous qu'elle se mesure adéquatement : en mètres parcourus à pied, en kilomètres parcourus en voiture, en années, en jours, en heure, en seconde, en battements de cœur, en litres de sueur, d'urine, de sang, en kilos de chair, de pommes de terre, de viandes, en litres de vin, en papier noirci, en temps perdu, en amour donné, en amour reçu ? Comment ça se mesure ?

Les nombres couvrent le monde et enserrent la

réalité. La vie peut être décrite par des séries d'équations, une trame serrée de dimensions, de masses et de forces. Cela pourtant ne permet pas de mesurer l'existence.

22. COMPTER JUSQU'À MILLE

Durée : 15 à 20 minutes
Matériel : aucun
Effet : critique

En apparence, pas de surprise. Compter jusqu'à mille prendra un certain temps (environ quinze minutes, soit neuf cents secondes) et devrait être monotone. Tout paraît prévisible, s'annonce régulier. Vous vous attendez à un exercice mécanique et plat.

Ce n'est pas le cas. On ne peut échapper à de fortes fluctuations. Il y a des passages aisés, des descentes, de longues pentes en ligne droite, comme les vieilles routes nationales bordées de peupliers ou de gros platanes, et puis des collines, des escarpements, des virages en côte, notamment quand on aborde les contreforts des cinq cents. Vous vous attendiez à ne découvrir que des chiffres, vous voilà embarqué dans des voyages d'enfance, des cours d'école primaire, des histoires d'encrier, de blouse, de préau, d'éponge dans les cartables. Vous vous retrouvez dans des montagnes russes, des *scenic railways*, des zéros de conduite. Vous comptez en noir et blanc.

Ce devait être une affaire de routine, une opération mécanique. Ça devient une aventure délicate à maîtriser. Ne me suis-je pas trompé de dizaine ? N'ai-je pas oublié une unité ? Une centaine ? N'ai-je pas fait une erreur, à l'instant, quand je pensais à autre chose ? Au lieu d'être facile, continu, ordonné, le parcours de un à mille est truffé d'ornières, de chausse-trapes. Vous risquez toujours de vous enliser, définitivement, de sombrer dans une lacune. Ne plus savoir, bafouiller, tout recommencer. Indéfiniment ?

Non, vous voilà au bout. Qu'avez-vous appris ? Une seule chose : mille est déjà un grand nombre. Vous pouvez le parcourir, mais il y faut du temps, un bon quart d'heure, et des hauts et des bas. Ce nombre, il est exclu que vous puissiez l'embrasser tout entier, le considérer d'un seul coup d'œil. Quand vous aurez fini de compter, songez que mille ans ou mille personnes sont de vastes ensembles. Considérez que mille fois mille est tout à fait hors de votre capacité de représentation, et *a fortiori* qu'un milliard (mille fois mille fois mille) ne parle qu'à votre raison, nullement à votre sensibilité. Cela fait tant que vous ne savez combien. Songez alors, un seul instant, à l'actuelle humanité.

23. CRAINDRE L'ARRIVÉE DU BUS

Durée : 5 à 10 minutes
Matériel : une ligne de bus
Effet : soulageant

L'attente : double face. Occasion de calme, de contemplation : pour qu'arrive le moment attendu, rien d'autre à faire que de patienter. Cette passivité est éventuellement source de jouissance. Le temps s'écoule, de toute façon, cette certitude a quelque chose de rassurant. L'attente peut aussi terrifier : ce qui va surgir n'est par définition jamais tout à fait contrôlable, jamais totalement prévisible. Expérimentez cette peur sans objet défini, employez-vous à l'étendre, à la grossir comme à la loupe, à la faire croître en intensité comme en durée.

Installez-vous à un arrêt de bus. Bien souvent vient un moment de flottement avant que le bus arrive. On ne sait pas avec exactitude combien de temps il faudra patienter. Le bus a été pris dans un embouteillage. Victime d'une panne. Une manifestation imprévue l'a retenu pour longtemps. Vous serez en retard. Il faudra chercher un autre moyen de transport, fournir des explications, téléphoner pour prévenir, voire modifier l'emploi de votre temps. La journée entière risque de basculer dans une série de retards en cascade. Vous voyez se former l'éventualité d'une longue série d'épisodes chaotiques.

Partez de cette inquiétude mineure et banale. Transposez, brodez. Dites-vous que le bus arrivera peut-être sous le contrôle de terroristes, bourré de dynamite, bientôt dépourvu de freins. Il déclenchera une série de catastrophes impossibles à endiguer : sans doute transporte-t-il un nouveau virus, une arme bactériologique meurtrière. Le conducteur est un extraterrestre, les passagers sont tous ses complices. Tous ceux qui sont montés aux arrêts précédents ont déjà péri en hurlant.

Continuez, amplifiez, exagérez. Peu importe que tout cela soit grotesque, que vous n'y croyiez pas, que vous puissiez en rire et demeurer convaincu qu'arrivera, bientôt, un bus banal, sans surprise. L'important est que vous expérimentiez une appréhension même mineure, un léger décollement de la certitude. Le seul fait d'avoir évoqué ces suppositions rocambolesques laisse un reste. L'idée confuse de quelque événement redoutable demeure comme une fissure infime, une faille possible dans l'enchaînement normal des faits.

Le bus arrive. Vous montez. Tout paraît normal. Ouf ! Êtes-vous si sûr ?

24. COURIR DANS UN CIMETIÈRE

Durée : 1 heure
Matériel : chaussures de course, grand cimetière
Effet : pieux

Cimetières : périmètres pacifiques et pacifiés. Leur enceinte est propice au recueillement comme à toutes sortes de rêveries. Il y a des fleurs et il n'y a personne, double avantage. Quelques éplorés, quelques jardiniers. Tous des gens de devoir. Très rares promeneurs, amateurs, amis des tombes et des noms sur les tombes.

Faire l'expérience de courir, assez longuement, en un tel lieu peut paraître choquant. Provocation déplacée, idiote facétie. C'est peut-être un délit, mineur et non répertorié, capable de susciter réprobation, procès-verbal et amende par chèque libellé à l'ordre du Trésor public. Ou bien une offense – à la douleur des familles, au respect envers les morts, à quelque évidence nulle part écrite mais unanime. L'idée peut encore sembler inacceptable, pour des motifs qu'on jugera plus profonds et moins formulables : un ordre du monde, un partage des rôles entre vivants et morts. Attentive immobilité des vivants à la fixité immuable des gisants. Les uns se meuvent, les autres pas. Il conviendrait de ne pas accentuer le contraste. Au lieu même où reposent, sans gestes ni mots, ceux qui ont vécu, ne venez pas crier ni gesticuler. Le coureur d'entre-tombes s'exposerait à la justice immanente.

Ne pas se laisser impressionner. Contourner l'obstacle, surmonter la gêne. Le sens viendra peu à peu, comme d'habitude. Régler en premier lieu les questions pratiques : avoir de bonnes chaussures (les allées sont fréquemment caillouteuses, mal aplanies), choisir un cimetière suffisamment grand. La plupart des cimetières de campagne, agréables pour la promenade et la flânerie entre les sépultures de famille, ne conviennent en aucun cas à la course à pied.

Vous voilà donc embarqué, finalement, dans cette étrange expérience. Au début, vous éprouvez de façon normale une sorte de gêne qui persiste, le sentiment d'agir de manière incongrue, déplacée. Vous songez à ces squelettes allongés dans le bois, les uns au-dessus des autres, entassés, réduits, humides, obscurs, presque tous oubliés. Et vous trouvez que votre foulée légère les croise de manière inappropriée. Bouger ainsi, au rythme vif, parmi les pétrifiés, cela ne se fait pas.

Il peut être utile de s'installer dans ce décalage, et d'en jouir. Après tout, vous êtes vivant, capable de courir, et heureux du mouvement. Pas eux. Et tant pis. Et pour vous tant mieux. Sang chaud aux veines, battement du cœur. Ils ne savent plus rien de tout cela, ils sont sortis du temps et de la vie. Vous, vous vous mouvez dans l'épaisseur moelleuse de l'air, pieds cambrés au sol.

L'expérience n'est intéressante que si vous passez ce premier palier. Vous tentez peu à peu de dissoudre ce retrait qui vous réjouit contre eux. Vous sentez à mesure qu'au cœur de votre course vous êtes immobile. Pas de séparation, en fin de compte, entre mouvement et repos. Vos foulées ont beau être assez larges et régulières, votre souffle fort, tout est habité par l'immuable. Ce que vous parvenez alors à pressentir, au moins, c'est la présence de l'immobilité dans le mouvement, du repos dans la course. Et du respect dans la transgression. Vous ne dérangez pas ces morts. En courant entre les tombes, insoucieux de leurs noms comme des convenances, vous les aimez.

25. S'AMUSER COMME UN FOU

Durée : 30 à 40 ans
Matériel : une société complexe
Effet : joyeux

Comment s'amusaient les fous, au temps où il y avait des fous et où l'on s'amusait ? Ils se moquaient de tous et de chacun, n'avaient cure des règles et des convenances. Ils parlaient fort, riaient hors de propos. Échapper aux places fixes, tel était leur sort. Ils pouvaient bousculer les gens et les usages. Nomades, transgressifs, ils parcouraient chemins et rivières, ils erraient entre les bienséances et les obligations. On les voyait renverser des images pieuses, parodier les sacrements, moquer l'autorité de la sainte Église.

Faites-en autant. Sans doute n'avons-nous plus de fleuves ou de routes où prennent place des cohortes vociférantes. Si vous tentiez à présent une telle expédition, vous seriez vite enfermé. Il faut trouver autre chose.

Essayez donc d'être critique, chroniqueur, écrivain, romancier, artiste, cinéaste, musicien, bateleur, quelque chose de ce genre. Simplement décalé. Faites votre possible pour perturber votre époque. Ne rêvez pas de bouleverser l'histoire, semez de petites pagailles là où vous êtes. Désorganisez les plans, créez de l'inattendu, défaites les prévisions. Traversez obstinément la société sans obéir, au fond.

Vous devez évidemment vous soumettre à des consignes, des pouvoirs. Il n'est pas exclu que vous deviez ramper, par prudence, par lâcheté, ou même par pure flagornerie, devant tel ou tel puissant. Décidez que cela n'a aucune importance. Vous pouvez courber l'échine, par tactique, parfois, si vous êtes absolument sûr qu'en vous, résolument, quelque chose ne plie pas.

Préservez avec soin, et à long terme, votre espace de manœuvre. Sachez agir de biais. Manœuvrez comme le fou aux échecs : surgissez systématiquement sur une case en diagonale. Pratiquez le pas de côté, la marche en crabe, les chemins de traverse. De jour en jour, sans coup férir. Prenez l'habitude de chercher, pour toute question, la réponse la plus incongrue, celle qui semble la moins adaptée. De temps à autre, mettez-la en pratique. Et voyez ce que ça donne.

Le plus long, le plus ardu, pour s'amuser comme un fou, est de parvenir à considérer qu'il n'y a véritablement rien qui soit sérieux. À l'horizon, ce point où tout, absolument, devient en un sens risible : l'existence, la mort, l'humanité, l'amour, l'univers, les fourmis, l'écriture, l'argent, les métiers, les corps, la pensée, la politique. Entre autres choses. Sans oublier le rire même, l'amusement, les fous.

26. APERCEVOIR UNE FEMME À SA FENÊTRE

Durée : quelques secondes
Matériel : au hasard
Effet : rêveur

Elle rêve, ou elle fait la vaisselle. Elle regarde la rue, ou elle fume. Parfois, elle observe les nuages. Ou bien elle étend le linge. Elle a vingt ans ou soixante, pauvre ou riche, belle ou pas. Elle vous observe, vos regards se croisent. Ou bien au contraire vous ne verrez jamais que son profil ou son regard perdu. Vous êtes vous-même dans de très diverses attitudes. Vous pouvez la regarder d'en haut, de la fenêtre d'un étage supérieur, ou du même niveau, ou bien d'en bas, passant simplement dans la rue. Vous voyez son visage distinctement, ou bien seulement son buste, de loin, parce qu elle a la tête penchée, ou qu'un rideau la cache en partie. Vous discernez nettement son vêtement, la rondeur de ses seins, le modelé de l'épaule, la chair du bras. Ou bien vous ne devinez qu'une vague silhouette, presque une ombre, rien de précis. Peu importe.

Dans tous les cas, une même émotion s'offre. Vous contemplez une femme inconnue, chez elle, visible de manière fugitive et partielle. Sa présence est perceptible dans le cadre de la fenêtre. Vous ne savez rien d'elle, évidemment. Vous ne faites que passer. Le plus hautement probable, c'est qu'il n'arrive rien entre vous. Elle ne sera jamais qu'un rêve, une courte illusion. Rien d'autre. Vous le savez.

Mais ça n'empêche pas de se faire un cinéma. Elle vous a vu, elle va vous faire signe, vous allez la rejoindre, une histoire impossible aura lieu entre vous, une passion terrible et douce, imprévisible, providentielle, obscène autant que tendre. Elle l'aura su elle aussi, dès la première seconde, comme on sait les choses impossibles, celles qu'on ne comprend pas et qui décident de tout, soudainement, à jamais.

Un homme écrit ses lignes. L'expérience, pour une lectrice, devra être adaptée. Ou plutôt réinventée. Dans ce registre où s'entrecroisent le désir et le regard, le sexe et la représentation, il n'est pas possible de préjuger cette recréation.

Le bout de la rue arrive. Il ne s'est rien passé. La vie continue. À la prochaine.

27. SE FABRIQUER DES VIES

Durée : quelques mois
Matériel : aucun
Effet : déroutant

Vous n'avez vécu qu'une seule fois, dit-on chez nous. D'autres, ailleurs, affirmeront que vous avez déjà plusieurs fois suivi le cours de l'existence. Peu importe. Vous pouvez vous-même multiplier vos vies, éprouver leur prolifération. Il faut pour cela conduire une expérience relativement longue, assez accaparante, mais dont les effets valent bien le temps qu'on lui aura consacré.

Pendant quelques semaines, faites l'effort systématique de vous fabriquer des vies. Dites à votre nouveau coiffeur que vous avez été chauffeur de taxi à Detroit avant de livrer des pizzas à New York. Décrivez à une cousine éloignée vos années d'enseignement en Australie. Souvenez-vous avec vos neveux de lieux que vous ignorez, de métiers que vous auriez pu faire (après tout, qui sait ?), de grandes et de petites aventures, de chasses au snark et de ports dans les brumes.

Faites ça bien. Ne vous contentez pas de bricoler. Revenez plusieurs fois sur les mêmes histoires. Enjolivez les anecdotes, ajoutez des détails, complétez les blancs, gommez les éventuelles invraisemblances. Poursuivez les mêmes récits avec les mêmes personnes. Évitez de vous embrouiller. Au besoin, prenez des notes, faites des fiches, documentez-vous. Persévérez.

Au bout de quelques mois, vous serez familiarisé avec ces vies possibles. Vous aurez répondu à beaucoup de questions, donné bon nombre d'explications. Vous aurez décrit, narré, repris, répété des épisodes clés de vos diverses biographies juxtaposées. Vous aurez surtout formé des gens convaincus de la véracité de ce que vous leur aurez raconté, susceptibles d'en parler à d'autres, de vous présenter sous le jour que vous avez fabriqué. Ils y croient.

Pourquoi pas vous ? Le point auquel il convient de parvenir est celui où vous doutez que tout cela soit faux, où vous ne discernez plus la frontière entre vos fictions et votre vraie vie. Ou plutôt, ce qui revient au même, le point où vous pouvez vous dire, sans coup de force ni soudaine folie, que ce que vous aviez l'habitude de considérer naguère comme votre « vraie vie » n'est, en fait, rien qu'une fiction parmi d'autres. Ni plus, ni moins.

28. REGARDER LES GENS DEPUIS UNE VOITURE

Durée : 10 à 40 minutes
Matériel : voiture, chauffeur, grande ville
Effet : homme invisible

Il faut être passager pour tenter cette expérience. Lorsqu'on conduit, l'attention est nécessairement mobilisée par la voiture, les gestes à accomplir, la sécurité à assurer. Impossible de se laisser absorber par le spectacle environnant. Au contraire, quand on est conduit, rien n'interdit de se fondre tout entier dans le glissement furtif du regard. Passif, rêveur, flottant. Bougeant sans avoir besoin de se mouvoir, filant dans l'air plus ou moins vite, scrutant sans être vu, le passager d'une voiture se trouve dans une situation exceptionnelle de voyeur.

Vous allez donc monter à l'arrière d'un taxi, d'une voiture amie (peu importe, en fait, les circonstances) et vous couler dans le mouvement. Mieux vaut vous trouver dans une grande ville. Décidez que vous êtes sur une sorte de tapis volant, un caisson flottant au ras du sol, d'où vous voyez défiler le monde sans être vraiment visible. Vous passez parmi les gens. Ils ne vous aperçoivent pas. Vous saisissez un geste de leur vie, une interrogation, une anxiété, un énervement, un désir, une attente. Les habits, les démarches, les culs, les épaules, les âges, les cheveux, les boutiques, les fatigues, tout cela défile. Et soudain, tout au fond, là où tout se mélange et se transforme, simplement un regard impossible à oublier. Ou le profil parfait d'une femme dont vous ne saurez rien. Des émotions d'instant, de quatre sous, des « pour toujours » aussitôt oubliés.

Entre vous et ces corps vivants, ces existences traversées de drames, de soucis, de projets innombrables, une vitre et le mouvement. Vous pouvez toujours ouvrir la fenêtre. Vous ne ferez jamais que passer. Renouvelez souvent l'expérience, dans des lieux multiples. Variez si possible les pays et les continents. Tirez la conclusion que vous voudrez. Il y en a plusieurs.

29. SUIVRE LES MOUVEMENTS DES FOURMIS

Durée : 30 minutes environ
Matériel : une fourmilière
Effet : réflexif

Tout le monde l'a déjà fait, mais ça marche encore. Observer assez longtemps une colonne de fourmis donne à penser. Se rendre assez attentif à leur obstination régulière. Bien étudier, même si vous le faites pour la centième fois, comment elles se suivent, se croisent, dessinent le filet régulier d'un chemin qui bouge. Attachez-vous au dessin général des itinéraires, aux minuscules variations individuelles, aux éphémères retours en arrière. Repérez les héroïsmes inéluctables et les charrois sans vraisemblance.

Et reprenez à ce sujet les méditations les plus banales, celles que tout le monde, derechef, a déjà parcourues. Demandez-vous comment on peut concevoir une telle vie. Ruminez l'idée d'une communauté biologique, d'une société sans langage. Devenez perplexe en songeant à ce que peut être une cité sans humanité. Calez devant la représentation d'un organisme constitué d'une multiplicité d'individus. Relisez *Micromégas* Fabre, *Bouvard et Pécuchet*.

Tentez en fin de compte de vous imaginer fourmi. Poussant une miette de pain, chutant d'un caillou, contournant un tesson de bouteille. Comment savez-vous où vous allez ? Comment connaissez-vous les tâches qu'il vous faut accomplir ? Avez-vous faim ? Qu'est-ce que cela veut dire ? Que pensez-vous ? Et qu'est-ce que cela veut dire ? Quel effet cela fait-il d'être une fourmi ?

Vous savez ces questions insolubles. Il existe des mondes juxtaposés, parallèles, étanches, non communicants, on ne saurait parler sans abus d'un univers unique. La planète fourmi n'est pas la Terre des êtres humains. Elle n'y est même pas incluse, elle y est à peine située. Vous en conclurez que la pluralité des mondes se trouve sous vos yeux, tout le temps, sans que vous y compreniez quelque chose pour autant.

Vous expérimenterez, somme toute, que les fourmis ne suscitent pas d'idées nouvelles, encore moins intéressantes.

30. MANGER UNE SUBSTANCE SANS NOM

Durée : quelques minutes
Matériel : quelque chose de comestible et d'anonyme
Effet : troublant

Comme toujours, du banal d'abord. Seul change le fait d'y prêter attention, de s'y installer. Creuser l'instant. Fouiller ce qui se passe dans ce moment sans intérêt majeur. Forer sur place un geste, une sensation. Descendre aussi loin qu'on peut. Il arrive qu'on doive renoncer, ne trouvant rien qui vaille, tombant toujours sur un cul-de-sac, une impasse. Parfois au contraire, au détour d'une galerie souterraine, on débouche brusquement sur un gouffre, une caverne, une grotte immense et sombre étendue sous la surface.

Exemple : il vous est maintes fois arrivé de manger un aliment dont vous ne saviez pas le nom. Sans doute n'y avez-vous même pas pris garde. Les circonstances peuvent varier : un pays dont vous ignorez les coutumes et la langue, un exotisme régional, un plat de terroir, un repas chez des gens, une visite à une épicerie très exotique. Bref, il vous est déjà arrivé de manger quelque chose que vous ne saviez pas nommer, dont vous ne pourriez dire à un ami : « J'ai mangé du... ou de la... » Vous devrez utiliser une longue périphrase, décrire la couleur, la texture, l'odeur, le goût par une suite de comparaisons et de combinaisons. Ça ressemble à du..., mais moins... et en plus..., qui aurait l'odeur du..., mais le goût de la... et la couleur de la... »

La prochaine fois que cette occasion se présente, au moment même où vous goûtez « la chose », arrêtez-vous. Scrutez exactement ce qui se passe. Peu importe que vous trouviez le goût agréable ou non. Mieux vaut que ça vous plaise, pour pouvoir demander : « Que me manque-t-il quand me manque le nom ? Le goût est entier, rien ne lui fait défaut. Pas plus qu'il ne manque quoi que ce soit aux autres aspects de cette nourriture. » Pourtant, du seul fait que vous ne pouvez pas la nommer, cet aliment vous paraîtra en quelque sorte anormal. Incomplet, incongru, inclassable, tant que vous ne savez pas son nom.

Dès que vous parviendrez à le nommer, la situation sera différente. Vous aimerez toujours ou vous n'aimerez pas, identiquement. Vous reconnaîtrez toutes les qualités antérieures, mais sous un angle différent. La chose sera entrée dans le réseau des éléments que les mots maîtrisent, elle s'insérera dans la continuité des repères fournis par les dénominations.

Il serait excessif de dire que connaître le nom change le goût. Mais cela altère à coup sûr notre attitude envers le goût, notre manière de le considérer. Nous goûtons sans doute de façon plus interrogative, plus attentive et tâtonnante, l'aliment dont nous ignorons le nom. Au contraire, une fois que nous l'avons appris, nous mangeons du nom, nous ingérons des nappes de langage, nous digérons des tranches de vocable.

Alors, en retour, peut venir le soupçon que nous ne cessons de manger des mots plutôt que des aliments. Notre appétit est linguistique autant que gastrique. La langue qui goûte n'est pas seulement dans la bouche. Elle est dans les dictionnaires.

31. OBSERVER LA POUSSIÈRE DANS LE SOLEIL

Durée : 15 à 30 minutes
Matériel : chambre, rai de lumière
Effet : rassurant

Une chambre assez obscure. Des volets presque clos. Traversant les persiennes entrebâillées, un rai de lumière. Soleil cru, tranchant, rayons de l'aube ou du couchant, inclinés. Dans la lumière qui traverse l'ombre se découpent des scintillements innombrables. Sans doute est-ce l'un des spectacles les plus émouvants, les plus féeriques, qu'il soit donné aux êtres humains de contempler. Virevoltent, tournent, passent et repassent, des milliers d'éclats infimes qui retiennent et répercutent la brillance. Des points, des bâtonnets, de microscopiques plumes, d'infimes floches, de minuscules choses aériennes, légères, dansantes, passent dans la lumière de manière sublime, grave et joyeuse, terriblement affairée, agitée de tourbillons et d'itinéraires impossibles à suivre, trajectoires en fragments, purs éclats d'existence.

Ce qui ravit le plus, dans ce miracle du scintillement, c'est la densité. Laissez à part les souvenirs d'enfance, les jeux d'autrefois, les maisons de campagne, l'odeur des armoires (s'il y a lieu). Ne vous accrochez qu'à ces grains époustouflants. La frontière entre la lumière et la ténèbre est soudain si roide, nette, directe qu'on croit pouvoir la toucher presque. Le grouillement des particules apparaît et disparaît de chaque côté de la frontière. C'est là qu'on peut rêver.

Peu d'expériences simples donnent aussi intensément le sentiment d'un monde invisible soudain révélé. Dans le rai de lumière se donne à voir comme une tranche d'un espace différent, inséré dans le nôtre, un univers de l'autre côté, de l'envers, de l'ailleurs. Soudain rendu visible comme par effraction. Comment serait le monde si l'on voyait scintiller la poussière tout le temps, partout, interminablement ? N'y a-t-il pas tout le temps, partout, interminablement une strate à la fois invisible et présente ? Un pan que l'on pourrait atteindre, un autre espace emboîté dans celui que nous connaissons ?

Et s'il nous manquait seulement de savoir comment entrebâiller les volets ?

32. RÉSISTER AUX FATIGUES

Durée : variable, plusieurs heures
Matériel : aucun
Effet : subtil

Vie et fatigues ne se distinguent pas. Inutile de rêver à un pur repos, oublieux des efforts, ignorant les tensions. La vie s'expose incessamment à la dépense d'énergie, à la lassitude, aux courbatures réelles ou figurées. Persévérer est cause de fatigue, si toutefois on entend par-là le contrecoup de l'effort, non la dépression. Trop de gens imaginent un épuisement triste, une fatalité accablante, qui écrase et submerge. On y succombe de guerre lasse, définitivement, vaincu par le manque de force, abattu, incapable de s'en échapper.

Il ne faut pas grand-chose de plus pour que la fatigue soit un océan de brumes où se perdre corps et biens, un cloaque, une vraie fange d'où l'on ne revient pas. Les grands fatigués seront bientôt portés disparus. Ils sombrent de manière lente et régulière. On le sait depuis longtemps dans les campagnes : dire de quelqu'un qu'il est « fatigué », c'est faire comprendre qu'il va mourir sous peu.

Combattre cette idée d'un grand déclin, d'un abattement sans retour. Défaire, en premier lieu, l'idée qu'il n'existerait qu'une fatigue. Distinguer des fatigues de toutes sortes, qui n'ont presque rien à voir les unes avec les autres. Les discerner et faire l'expérience de leur résister en les accompagnant. Car l'un des moyens les plus efficaces pour résister à une fatigue n'est pas de se cabrer, de rassembler ses dernières forces pour tenir encore contre le flot. Il faut au contraire accompagner les fatigues. Ne pas leur résister frontalement, apprendre à naviguer sur leur courant. Ne pas les considérer comme des obstacles, mais comme des moyens pour progresser, des véhicules, des instruments de navigation.

Exercez-vous à sauter d'une fatigue à une autre. Habituez-vous à les opposer. Vous tenterez de trouver les qualités de fatigue qui vous conviennent le mieux, et celles dont il faut vous méfier le plus. Vous pourrez à cet effet vous exercer à marcher dans la chaleur, à ne pas dormir pendant longtemps, à travailler continûment, sans répit, excessivement, à faire un trop grand nombre de choses en même temps, à faire l'amour plus et plus et encore et autrement, à tenter de tout faire toujours tout le temps.

De toute manière, ça s'arrêtera. La question subsidiaire est de savoir si cette dernière pensée vous rassure ou vous inquiète.

33. AVOIR TROP MANGÉ

Durée : 2 ou 3 heures
Matériel : nourriture en quantité
Effet : flottant

Peu importe pour quelle raison. Repas entre amis, obligation sociale, cérémonie de famille, subite fringale, étape gastronomique, terrible et riche région de France... il y a des motifs très divers de se retrouver dans cette situation banale pour nos pays opulents : avoir trop mangé. Vous n'êtes pas réellement à votre aise. Vous vous sentez par exemple le ventre tendu, la tête lourde, l'esprit brumeux, la bouche plus ou moins pâteuse. Parmi les désagréments divers que vous pouvez éprouver en supplément : maux de tête, palpitations, sueurs, sensations de chaud et froid, aérophagie, ballonnements.

L'expérience consiste à vous emparer de cette occasion de hasard pour la transformer en voyage d'apprentissage. Commencez par écarter toute considération relative à vos éventuelles résolutions, toute forme de ressentiment envers les personnes ayant provoqué cette situation. N'en veuillez ni à vous-même ni aux autres. Regardez les choses comme elles sont : vous avez mangé à l'excès, plus que votre corps ne peut le supporter sans désagrément. C'est un fait. Voilà. Dès lors, laissez-vous porter par la situation.

Suivez sans résister ni réfléchir les fluctuations nombreuses par lesquelles vous passez : torpeur, éveil, assoupissement, lucidité, brouillard, lumière, lourdeur, légèreté relative. Prêtez attention à cette lutte lente qui s'est engagée, à l'intérieur même de vos tripes, entre cette masse d'aliments ingérés et la reconstitution de votre intégrité corporelle. Une fois encore : au lieu de subir ces quelques inconvénients comme une désagréable fatalité, faites-en le point de départ d'une exploration, même rustique, de votre relation à la réalité.

Scrutez par exemple les états modifiés de conscience qu'engendre le cassoulet, la forme spécifique d'hébétude liée à la brandade, les échauffements suscités par le foie gras frais à la poêle. En dressant ces constats, vous n'aurez pas en vue de composer des observations sur les effets comparés de chaque type de recette. Vous aurez plutôt pour tâche de suivre la navigation ambiguë de votre propre identité dans les méandres gastriques.

Vous n'êtes évidemment pas « le même », d'un moment à l'autre, dans ces circonstances. Demandez simplement ce qu'il en est de nous, des grands discours sur le libre arbitre, la conscience, la personne, la raison, la loi morale et certains autres vastes et beaux sujets, si quelques féculents nous font changer d'univers et qu'un peu de graisse nous met à bas. L'acuité de l'esprit cède devant quelques assiettées. À ne pas oublier.

34. FAIRE L'ANIMAL

Durée : 10 à 20 minutes (à répéter)
Matériel : aucun
Effet : mutant

Fermez la porte. Le temps de cette expérience, il est indispensable que vous ne soyez pas dérangé. Dès que vous êtes assuré d'être seul et au calme, commencez à imiter l'animal qui vous convient le mieux. Par exemple, respirez comme un chien, la langue pendante, avec un bruit de gorge rauque à chaque bouffée d'air. Flairez le tapis bruyamment, insistez sur les pieds de meuble, tournez en rond, allongez-vous une joue au sol, mordillez votre coude ou votre avant-bras, etc. Ou bien, selon vos talents ou votre humeur, miaulez, caquetez, blatérez, feulez, hennissez, meuglez. Et faites les gestes qui vont avec.

N'imitez pas ! Le but n'est pas de reproduire des sons ou de représenter des attitudes. D'éventuels dons d'imitation ne vous seront ici d'aucune aide. Ce serait même plutôt un obstacle. Car il s'agit de vous mettre « dans la peau » de l'animal que vous aurez choisi. Laissez venir. Contrôlez peu, ou pas du tout. Selon les besoins du moment, commencez à grogner ou à geindre. Déréglez votre souffle, traînez-vous par terre. Frottez-vous la tête au mur, ou au sol. Bavez, léchez-vous, ayez des gestes lourds, ou aériens. Appliquez-vous, si besoin est, à changer de dents, de muscles, d'odeur. Ayez des griffes, un bec, un pelage, des cornes, à la demande. Tâtonnez pour trouver en vous ces chemins étranges. Vous devrez répéter l'expérience pour y avancer davantage. Aucun résultat garanti. Rien à comprendre. Tout à éprouver.

Vous constaterez en tout cas très vite que certains chemins sont praticables, d'autres impossibles. Ainsi est-il relativement facile d'être loup, lion ou éléphant ou encore hyène, antilope, ours blanc. Au-delà des mammifères s'étendent des zones peu accessibles, sauf exception et sujets heureusement doués. Devenir fourmi, tique, mouche, araignée, etc., est chaque fois très difficile. Serpents, vers de terre, invertébrés en général sont également d'accès malaisé. Les vastes domaines des poissons, des oiseaux, des mollusques offrent relativement peu de prises au transformisme amateur. Sans parler de l'empire immense des bactéries, qui demeure presque entièrement clos.

Finalement, le monde est petit.

35. CONTEMPLER UN CADAVRE D'OISEAU

Durée : 10 à 15 minutes
Matériel : un oiseau mort, de préférence depuis plusieurs jours
Effet : méditatif

Il y en a un peu partout dans la campagne. Au printemps surtout, ou au milieu de l'été. Si on se promène souvent, il est inévitable d'en rencontrer. C'est un petit qui est tombé du nid ou bien un jeune attaqué par un rapace et qui n'a pas survécu à ses blessures, ou encore un adulte qui a pris des plombs de chasse et s'est réfugié pour mourir dans un coin calme. Ne vous souciez pas des causes. Ni comment ni pourquoi. Au lieu de passer votre chemin en laissant là l'oiseau mort, vous allez le contempler.

Regardez attentivement les plumes ternies, souvent déjà recouvertes de poussière ou d'un peu de terre. Observez l'œil grisé ou blanchâtre, peut-être évidé, et les fourmis qui vont et viennent, ou quelques vers. Notez les pattes inertes, abandonnées, défaites. Cherchez les os, si visibles, si fins. N'oubliez surtout pas l'abaissement, la perte, cette façon boueuse et naïve, pour un oiseau, d'être un cadavre à terre, humilié, proprement, mais qui l'ignore tout à fait et s'en échappe dans une profondeur étrangère au sommeil.

Sans doute, si vous regardez assez bien, l'œil ouvert grand, vous commencerez par trouver le spectacle triste. Une vie éteinte. Un corps déplacé, oiseau gisant au sol, figé. Quelque chose comme l'écrasement, l'échec. L'expérience doit consister à sortir de là, en regardant de plus en plus clairement et plus distinctement.

Vous voyez que l'oiseau ne revivra jamais. Et aussi qu'il ne ressent rien. Et que c'est ainsi, sans recours et sans plainte. Sans nostalgie ni récrimination. Plus vous regardez et plus vous devez savoir qu'il n'y a rien, dans la vue de ce cadavre, qui puisse offrir prise à un regret. Il n'y a que le présent. Et vous commencez à savoir qu'il est parfait. Parce qu'il est le seul.

Ce n'est pas compréhensible, au premier abord. Peut-être n'est-ce, en toute rigueur, pas réellement donné à comprendre, mais à éprouver seulement. En tout cas, ce que vous constaterez, si vos yeux s'ouvrent assez, c'est qu'il n'y a aucun autre monde à voir. Que tout, absolument tout, est là, ici, maintenant. Au présent, donné. Rien ailleurs, avant, nulle part dans le temps ou l'espace, qui serait différent, meilleur, préférable, comparable, regrettable. Rien que ça.

36. RECONNAÎTRE UN JOUET D'ENFANCE

Durée : imprévisible
Matériel : un jouet vous ayant appartenu
Effet : démultipliant

Vous videz un grenier ou une cave. Plongée dans une maison de votre vie d'autrefois. Héritage, grands-parents, oncle de province. Ou bien simplement une vieille caisse dans vos reliquats. Ou encore le hasard d'une brocante, plus insolite. En tout cas, surgit un jouet oublié. Il est indispensable qu'il ait été oublié. Totalement. Vous n'en aviez plus aucun souvenir. Vous avez encore en tête quelques bribes d'images des objets qui vous étaient familiers au cours de vos premières années. En évoquer quelques-uns est possible. Pas celui-là. Ce jouet avait disparu de votre mémoire. Vous n'auriez pas su le ressusciter, ni le chercher.

Dès qu'il apparaît, pourtant, vous le reconnaissez. Sans hésitation, pleinement, sous ses moindres aspects. Ce jouet vous est familier, habituel, bien connu, consubstantiel.

C'est le vôtre. Vous en retrouvez chaque éclat de peinture, chaque égratignure, chaque marque de crayon. Une fêlure minuscule, une rugosité du bord, un petit bout qui manque, vous savez tout par cœur, de manière évidente, assurée. Vous vous sentez d'emblée transporté dans le monde de ce jouet, dans son temps propre, son espace singulier. Vous êtes happé par sa présence, sans être pour autant soustrait à votre réalité.

Comment est-ce possible ? Pourquoi ces détails vifs, nombreux, précis sont-ils à la fois inaccessibles et toujours disponibles ? Disparus, mais non effacés. Instantanément réactivés, ou plutôt réactivables. Pourquoi au juste ? Y aurait-il des mondes contenus dans le présent, emboîtés en lui, qui seraient là sans que nous le sachions ? Est-ce que nous avançons entourés de vies en stock, d'existences virtuelles ?

37. ATTENDRE SANS RIEN FAIRE

Durée : 10 minutes à plusieurs heures
Matériel : salle d'attente ou assimilé
Effet : apaisant

C'est une forme d'attente particulière : vous ne pouvez agir, vous êtes sûr de l'issue, vous ne savez pas malgré tout combien de temps ça va durer. La salle d'attente du médecin, celle des administrations, ou encore les aéroports et les gares, en particulier les jours de grève, sont des lieux qui conviennent. Vous savez que la consultation finira par avoir lieu, que le dossier sera traité, que l'avion décollera ou que le train, en fin de compte, arrivera en gare. La situation est donc très différente des attentes dont l'issue demeure incertaine, éventuellement inquiétante. En outre, vous êtes contraint à la passivité : rien n'est en votre pouvoir pour accélérer le processus. Vous êtes confronté directement à la durée, à l'écoulement indépassable du temps, plus ou moins lent, plus ou moins visqueux.

Beaucoup de gens trouvent cette situation difficile à supporter. Ils s'arrangent pour esquiver la rencontre avec l'écoulement du temps, lisent des magazines, des romans, des essais, prennent des notes, consultent leur agenda, rangent leur classeur, téléphonent avec leur portable, travaillent avec leur ordinateur ou s'absorbent dans la contemplation des passants. Bref, ils s'occupent, remplissent ce temps offert et contraint d'activités, d'idées, petites ou grandes, et de tâches diverses.

Vous devez tenter l'expérience exactement inverse. Ne rien faire. Sans vous énerver ni vous ennuyer pour autant. Vous laisser flotter dans le temps, sachant qu'il passe de lui-même, inexorablement, en vous et sans vous. Vous devez vous couler dans cette passivité totale, sans inquiétude. Tout arrivera, et rien ne dépend de vous. Vous pouvez être vide, amorphe, immobile, indifférent, brumeux, absent – malgré tout le temps avance, et ce moment prendra fin. Vous pouvez découvrir qu'il n'y a pas à tuer le temps. Il ne cesse de mourir, de lui-même, indéfiniment.

38. TENTER DE NE PAS PENSER

Durée : 10, puis 20, puis 30 minutes
Matériel : aucun
Effet : nul

C'est une expérience vers la limite. Ne pas penser du tout, dès lors qu'on est éveillé et en possession de ses moyens, on n'y arrive pas, ou fort peu de temps. Il ne peut donc y avoir que des tentatives. Mais elles se prolongent plus ou moins loin. Elles s'approchent plus ou moins de l'impossible. Les unes le frôlent, d'autres ne font que l'entrevoir à l'horizon.

Pourquoi ne pas penser est-il impossible ? Une telle expérience nous tirerait hors de l'humain, nous ferait échapper au grouillement incessant du langage. Nous basculerions du côté de l'hébétude, de la vie pure, instantanée, animale. Ou bien, ce qui peut revenir finalement au même, nous tomberions du côté du divin, sans fond, abyssal, mutique. Il se pourrait que la pensée soit un bricolage de l'entre-deux. Ni tout à fait divine ni seulement hébétée.

Une certaine façon de ramer entre l'éternité et l'instant. Ou bien entre le silence et les mots, la présence et l'absence, l'être et le néant, etc.

En tout cas, ça ne s'arrête pas définitivement. Il ne peut être question que d'interruptions passagères, circonscrites. Elles sont possibles, elles valent d'être expérimentées. Pour s'y aventurer, il faut opérer petit à petit. Par tranches, par étapes. La première condition est de ne pas se crisper, de laisser faire. La volonté, ici, ne peut agir que de biais, de manière indirecte. Ce n'est pas un projet qu'il s'agit de réaliser, et il n'est pas souhaitable, on s'en doute, de penser qu'on ne pense pas. Mieux vaut savoir qu'on échouera. On sera toujours, à un moment ou à un autre, rattrapé par une pensée. L'échec est sûr. Tout progrès a donc une valeur en soi.

L'entraînement le plus efficace consiste à laisser passer les pensées. Ne pas les empêcher (c'est impossible), ne pas s'y accrocher (c'est possible). Considérer leur passage comme celui des nuages, inévitable et lointain. Pratiquer l'indifférence du ciel. Se faire clair, obstinément, sans prendre garde à ce qui défile. Rester dans le bord, en dessous du cadre, l'œil ouvert sur ce qui est devant. Et c'est tout. Avoir encore des sensations (les couleurs, la lumière, le souffle, la peau, les muscles, les bruits alentour), mais ne pas les intégrer dans une conscience, *a fortiori* dans une idée ou un discours. Et finalement, certaines fois, par bribes, parvenir à avancer jusqu'au ciel clair, à la lumière vide, sans agitation, sans forme.

Ces courtes réussites peuvent avoir de longues conséquences. Leurs répercussions vont fort au-delà des moments où elles ont lieu. Même s'il est unique, elles demeurent.

39. ALLER CHEZ LE COIFFEUR

Durée : 1 heure environ
Matériel : un salon de coiffure
Effet : décoiffant

Ça paraît simple. Vous entrez, on vous fait un shampooing, ensuite quelqu'un vous coupe les cheveux – un peu, beaucoup, ou pas du tout. L'expérience consiste à éprouver d'abord combien cette situation banale est beaucoup plus compliquée qu'il ne semble. Vous pouvez imaginer en effet que vos cheveux ne sont pas une partie tout à fait indifférente de votre corps. Il n'est pas simple de comprendre la relation qu'ils entretiennent avec lui. Sont-ils inertes ou vivants ? Insensibles ou parcourus d'une autre sorte de nerfs ? Sont-ils à l'extérieur de votre corps ? Au-dedans ? Entre les deux ?

Que se passe-t-il quand on les coupe ? Il se pourrait que vos cheveux soient directement reliés à vos idées et que vous n'ayez plus jamais les mêmes en sortant de chez le coiffeur. Il vous aurait coiffé l'âme, elle serait méconnaissable, inutilisable, vous ne vous retrouveriez plus en vous-même. Vous seriez tout à fait autre, désorganisé du dedans.

Ou bien la séance de coiffure modifie votre apparence entière. Vous n'aurez plus la même tête, tout aura changé, la forme du nez et la couleur des yeux, la largeur des joues, votre corps tout entier sera altéré, il sera devenu plus grand ou plus petit, rabougri ou boursouflé.

Ou bien les coiffeurs sont des archanges, des messagers de Dieu, des rédempteurs de proximité. Vous quitterez le salon transfiguré, corps glorieux, porté par la musique des sphères et l'allégresse de la délivrance.

Perdu ou sauvé, vous allez de toute façon vivre un moment décisif. Vous avez rendez-vous avec votre destin. S'annonce une mutation sans exemple. Opération terrible, alchimie innommable, la séance de coiffure vous laissera pantois, déglingué, victime de cataclysmes internes. Voilà ce que vous êtes parvenu à croire.

Le second temps de l'expérience consiste à nettoyer ces fantaisies au shampooing antipoux. Vous savez bien qu'en réalité il ne se passera rien. Vous allez vous faire couper les cheveux et c'est tout. Ce sera plus ou moins bien fait, plus ou moins conforme à l'idée que vous vous faites de « l'esthétique » qui vous convient. Mais ces variations mineures sont sans conséquence. Elles sont dépourvues de la moindre importance.

Vous aurez rêvé pour rien. Au moins aurez-vous

fait l'expérience de la distance séparant vos fantasmagories de la réalité. La réalité est presque toujours plate, banale, simple, dépourvue de relief. En un sens, rassurante.

40. PRENDRE UNE DOUCHE LES YEUX FERMÉS

Durée : 5 à 10 minutes
Matériel : douche
Effet : pacifique

Vous ne savez pas d'où vient l'eau. Vous pouvez imaginer, yeux clos, autre chose qu'une douche : pluie des tropiques, par exemple. Vous n'êtes peut-être pas seul, des gens vous regardent. Une scène commence à se composer, bientôt peut-être toute une histoire. Fermez. Ce n'est pas de cela qu'il s'agit.

Simplement sentir l'eau tiède, les gouttes, les jets, les flux. Ne sentir que cela, sans rien voir, sans entendre d'autre son que celui de l'eau. Tenter de se tenir dans une sensation unique, dépourvue de sens, d'images, juste sous l'eau tiède. Se réduire à être seulement ainsi, sous l'eau, debout, le visage tendu vers la douche. Ne plus être qu'un dessous de peau de visage sous l'eau, comme ça. N'avoir pas de mots pour le dire. Demeurer hébété, se condenser dans la lourdeur de l'eau. Que cette sensation, ou presque.

Rester sans fondre, juste incessamment mouillé. Éviter tout ce qui ressemblerait de près ou de loin à une prière, une extase, une divagation, une errance. Rester juste là, peau mouillée et c'est tout. Difficile, par moments, d'ignorer le reste. Des pensées viennent, des idées surgissent. Quelques questions têtues insistent obstinément. Des soucis aussi. L'eau passe, dilue. L'ablution marche encore. Ne sortez pas de l'étroit cercle du jet d'eau.

41. DORMIR SUR LE VENTRE AU SOLEIL

Durée : 1 heure environ
Matériel : drap de bain, soleil
Effet : rebelle

Vous ne sentez d'abord qu'une légère torpeur, un engourdissement. Puis la pression de la poitrine sur le sol devient plus forte, le souffle ralentit, les formes s'estompent, les cris lointains s'affaiblissent. Vous ne sentez que la chaleur tendue sur votre dos comme une couverture rassurante, et la sécheresse sur vos jambes. Un léger vent vous empêche d'être incommodé par la canicule. Vous ne sentez que la protection de la lumière chaude, son extension sans faille. Vous êtes tout entier dans sa douceur, nu et alangui, mais sans crainte d'avoir froid. Cette seule pensée vous apaise tant que vous allez vous assoupir. Voilà, c'est fait.

Quelque temps après, le réveil est curieux. Pas vraiment agréable. Vous ne savez pas bien où vous êtes, pourquoi vous avez dormi, quel geste peut vous aider à trouver la sortie. Vous sentez la grande chaleur qui s'est emparée de votre peau. Voilà que vous craignez la brûlure. Et les cancers à venir, les mélanomes sournois, les métastases en tous sens. Vous commencez à entrer, en attendant un café, dans une assez moche agonie.

Ne laissez pas faire. Dites merde à la médecine, à la prudence des experts, aux marchands de peur et de sagesse. Refusez de vivre très vieux dans une cave climatisée où vous ne seriez nourri que d'endives et de champignons, abreuvé d'eau claire, protégé de toute radiation extérieure. Sachez qu'à l'évidence vous mourrez, plus ou moins tôt, plus ou moins mochement. En attendant, dormez comme il vous plaît. Et ainsi du reste.

42. ALLER AU CIRQUE

Durée : 2 à 3 heures
Matériel : spectacle de cirque
Effet : humanisant

Il faut se méfier des gens qui n'aiment pas le cirque. Sans doute sont-ils trop efficaces et trop sûrs d'eux – impitoyables. Pour le comprendre, même si vous n'êtes pas très attiré, faites l'expérience de vous asseoir près de la piste ronde. Choisissez de préférence un petit cirque, pas glorieux, proche de la misère. Évitez Madison Square Garden, Barnum et autres grandes entreprises. Il y est plus difficile de constater ce qui rend le cirque émouvant, la mixture de misère et de rêves.

Car il y a normalement en ces lieux quelque chose de sordide. De manière essentielle et nécessaire. La sciure sur la piste, l'odeur du crottin, la poussière des vieux chapiteaux, les relents de suint sous le tissu des tentes. L'important est aussi que ce soit un espace clos : cercle de la piste, ciel de toile, rambardes. Le cirque délimite un espace qui lui est propre. Un monde qui ne se confond pas avec le reste de l'univers. Le cirque se définit en un sens comme le monde humain lui-même.

Dans cette sphère circonscrite, il s'agit de construire une bulle de rêves. De manière élémentaire, et même très bête, ou très vulgaire : paillettes, strass, choses qui brillent. Du clinquant, du semblant. Du faux luxe faux chic, de la facilité factice, de la joie forcée sur fond de pauvre tristesse. C'est cela qui rend le cirque émouvant, exemplaire, modèle simple de l'humain : bâtir des rêves dérisoires dans la fange et la crasse, mais obstinément. Chaque soir à 20 h 30 et en matinée le dimanche à 15 heures.

Vous devrez donc trouver le chemin du chapiteau. Faire un peu la queue. Payer très cher pour l'inconfort, la vétusté, l'odeur. Rester longtemps mal assis. Vous surmonterez avec facilité ces désagréments. Vous vous convaincrez d'échapper à cet écrasement, de suivre la légèreté des acrobates, le pouvoir des prestidigitateurs. Vous parviendrez à rêver d'une humanité pleine de boules de cristal, découpée par les projecteurs, souriante dans les flonflons, heureuse dans la barbe à papa. Vous trouverez presque les gens beaux sur scène, courageux, méritants, habités de vertus, capables de hauts faits, plus grands que des humains, le corps brillant comme celui des dieux, et si souples, et légers, rapides, aériens. Vous flotterez un certain temps dans cette bulle pailletée.

Et puis, et c'est là le plus important, le plus émouvant, quelque chose rate. Une balle tombe, un trapèze se dérobe, un oiseau demeure obstinément immobile.

Vous remarquez que la belle contorsionniste a un collant troué. Vous voyez soudain quelque chose de pitoyable. Une fierté ramenée au ras du sol. Un rêve terrestre, c'est-à-dire taché, toujours plus ou moins blessé. Un ratage bouleversant. Une image de l'obstination humaine. Vous devrez indéfiniment retourner au cirque.

43. ESSAYER DES VÊTEMENTS

Durée : 30 à 50 minutes
Matériel : magasin de prêt-à-porter
Effet : rêveur

Il y a des milliers d'années que les vêtements ne servent plus à se protéger du froid ou de la pluie, ni à préserver une supposée pudeur. Il semble difficile d'envisager que même les plus primitifs aient pu avoir uniquement un rôle thermique. Sans doute une fonction symbolique leur a-t-elle toujours été associée. On remarquera au passage que dans aucune des sociétés que les anthropologues donnent à connaître le vêtement ne se réduit à une simple utilité pratique. Il est toujours codé, pris dans les jeux du pouvoir, de la norme, des rôles sociaux.

Nous avons multiplié de manière indéfinie les apparences et leurs significations. Les vêtements parlent du lieu social et physique d'où l'on vient, des pouvoirs spécifiques qu'on exerce ou des dominations qu'on subit, ils affichent la classe, le caractère, l'âge, l'emploi, le contre-emploi, la transgression, la soumission. Ils peuvent dire : « Je suis un jeune des banlieues qui cherche à sortir de l'humiliation en arborant les mêmes marques que les bourgeois de mon âge, mais je choisis des teintes différentes et je les mêle d'une manière qui leur paraît déplacée, sans que je m'en rende compte. » Ou bien : « Je suis une bourgeoise des beaux quartiers, mes enfants sont grands, mon mari m'ennuie, mon amant aussi, mais vous pouvez tenter votre chance si vous savez le code et la façon de faire signe au maître d'hôtel. »

Vous pouvez faire l'expérience d'essayer des vêtements non pour vous les acheter, mais pour explorer des apparences inattendues. Au lieu de chercher comme d'habitude ce qui vous va, ce qui correspond à vos goûts, votre statut et votre stature, votre morphologie et votre imaginaire, essayez des vêtements incongrus. Trop jeunes ou trop vieux pour vous, trop chics ou trop ploucs, trop voyants ou trop sobres. Des fringues en tout cas toujours inadéquates, excessives, décalées. Capables de vous faire sourire chaque fois que vous vous verrez ainsi attifé.

Imaginez-vous comme ces silhouettes des jeux d'enfants dont on change l'habillement en ajustant à leurs épaules, au moyen de languettes en papier qui se rabattent en arrière, toutes sortes d'accoutrements disparates. Rêvez-vous Barbie ou Ken. Efforcez-vous ainsi de vous voir en rockeur, en diplomate, en commercial, en rappeur, en paysan, en charcutier, en graphiste, en chasseur de canard, en intello, en éboueur, en footballeur, en petit cadre. Chaque fois vous composerez la vie qui va avec ces pièces de tissu : manières de parler, façons de manger, domicile, loisirs, voyages. Reposez ensuite le tout sur un cintre. Remerciez le personnel.

44. CALLIGRAPHIER

Durée : 20 à 30 minutes
Matériel : bon papier, bonne plume
Effet : rassemblant

Écrire n'est pas une activité intellectuelle. C'est d'abord un exercice de la main. Peut-être principalement. Ce qu'on pense, ce qu'on inscrit sur le papier comme significations supposées ou prétendues a sans doute beaucoup moins d'importance, et beaucoup moins d'intérêt, que l'attention requise pour bien former les lettres, esthétiquement esquisser leur exact contour, jouer avec d'infimes équilibres de droites et de courbes, de boucles et de points.

Pour l'expérimenter, vous devez commencer par vous appliquer à tracer au même rythme, sans à-coups, de manière régulière, les phrases, même les plus banales, qui vous passent par la tête. Ce qui compte, encore une fois, n'est pas la portée de ce que vous marquez. La teneur des signes, leur « sens », comme on dit, n'a qu'une importance secondaire. La seule chose qui vaille, c'est la régularité des traits, leur avancement réglé, le fait d'inscrire, en ordre, des lettres enchaînées, bien formées, lisibles, proportionnées, distinctes.

Concentrez votre attention sur les mouvements exacts et minuscules de vos muscles, les brefs parcours de la bille ou de la plume. Veillez à ne pas vous arrêter, ou le moins possible, entre deux phrases. Tenez un même rythme. Ce que vous écrivez n'importe pas. Le fait d'écrire suffit. Évitez autant que possible les accélérations ou les ralentissements. L'écriture doit être soignée, dessinée, mais aussi, dans son avancement même, monotone, constante et fluide. Son débit doit varier le moins possible. Vous devez parvenir à une continuité presque parfaite, automatique. Encore une fois, seul compte le fait que vous tracerez, inexorablement, avec une application de plus en plus indifférente à toute volonté, des lignes horizontales dessinées sur le papier par la succession têtue des lettres et des mots.

Vous pouvez écrire tout ce qui vous vient, souvenirs d'enfance, liste de courses à faire, injures nouvelles, parodie de rapport de police, cartes postales de vacances, confessions intimes, lettre d'amour, déclaration d'impôts, constat d'accident. L'essentiel est, chaque fois, que vous ayez le moins de souci possible avec ce que les phrases veulent dire. Quelle que soit leur signification, vous devez les considérer comme de simples occasions données à l'écriture de se poursuivre.

L'expérience consiste à éprouver que l'avancement des lignes, la calligraphie des pages les unes après les autres, demeure indifférent à ce que les phrases veulent dire. D'un côté, l'agitation des notions, des syntaxes et des sentiments, le grouillement du sens, la prolifération de ses cohérences et de ses conflits. De l'autre côté (mais est-ce encore un « côté » ?), la pulsation de la graphie, insensée, presque pure, automatique, mue par la seule nécessité d'avancer toujours, par la régularité répétée d'être incessamment identique à soi.

Peut-être vous sera-t-il ainsi donné d'éprouver que tout ce qu'on croit dire et penser est double. Par-delà le sens maîtrisé transmis, plus ou moins connu mais toujours en apparence disponible, vous entreverrez probablement la permanence secrète, intarissable, impossible à cerner, d'une inscription courante, entraînée par son mouvement propre. Rien à voir avec ce que les mots veulent dire. Tout à fait indifférente à ce que transmettent les textes en matière d'idées, d'informations, d'affects. De la graphie, rien que de la graphie. Traversant les corps, les pensées, les muscles, les feuilles. L'interminable flux de l'écrit.

45. ALLUMER UN FEU DANS LA CHEMINÉE

Durée : 15 à 20 minutes
Matériel : cheminée, bois, papier journal
Effet : primitif

Cette simple mise en route d'une flambée dans la cheminée serait comme un très vieux rituel dont vous auriez perdu le sens. Quelques pièges à éviter vous sont également connus. Dites-vous toutefois que vous avez égaré la portée de ces gestes. Ce que veut dire allumer un feu, vous ne le savez plus du tout. Vous ignorez même pourquoi depuis toujours cela vous émeut, d'une curieuse façon, attirante et rassurante.

Vous allez donc faire chaque geste comme toutes les autres fois, mais en regardant. Vous voilà d'abord à genoux, ou accroupi, pour préparer l'âtre, vérifier que la cendre est enlevée ou repoussée, que l'espace est suffisant, l'aération aisée. Les bûches ne doivent pas être trop grosses, pour commencer. Et légèrement surélevées – par des chenets, de simples briques, voire, à défaut, par quelques morceaux de bois – afin que l'air puisse circuler en dessous. Pour la même raison, veillez à ne pas coller votre bois contre le fond, ménagez un espace, un passage. Ajoutez du petit bois – fagots, brindilles, cageots pour fruits et légumes – en quantité raisonnable. Découpez en lanières épaisses des stocks de vieux journaux (plutôt des quotidiens que des magazines, qui brûlent moins bien) ou tordez quelques pages pour obtenir comme des cordes de papier. N'obstruez pas l'espace, laissez des vides sous les bûches.

Allumez quelques feuilles et placez cette petite torche juste au centre. Les minutes qui suivent sont les plus intéressantes. Tout d'abord, une réponse immédiate, des crépitements, des flammèches vives, quelques bons claquements. Puis, les premiers sifflements de bois qui suintent. Et, le papier une fois consumé, le temps du doute et de l'inquiétude : les flammes disparaissent, les braises sont presque inexistantes, une lourde fumée signale seule un possible espoir. La fumée continue, elle est dense, assez grosse. Le papier brûlé rougeoie encore un peu sur les bords, par franges, et puis s'éteint tout à fait. La pensée vous vient que ce feu ne prendra jamais, qu'une erreur s'est glissée quelque part (bois humide, papier mal plié, trop tassé ou trop lâche). Tout semble comme d'habitude, et cependant vous doutez. Vous craignez, d'une manière absurde, injustifiée, non fondée, que l'opération ne rate.

Vous ne savez pas vraiment si le rouge vous vient

aux joues à cause de la chaleur ou bien de l'inquiétude. Vous soufflez sur quelques braises, trop maigres, sans succès. La fumée s'épaissit, le chuintement s'intensifie, mais le feu ne prend toujours pas. Vous pensez qu'il va falloir ajouter du papier, recommencer l'opération. Vous doutez. De petites flammes vives, intenses, jaillissent soudain de la fumée, qu'elles dissipent en un instant. Comme si le feu avait soudain explosé. Vous allez suivre à présent sa manière de mordre, sa façon de s'emparer du dessous des bûches, de leur lécher l'écorce, de les gaufrer de rouge. Tout va bien.

Demandez-vous ce qui vous a tant inquiété tout à l'heure, ce qui à présent vous rassure. Peut-être une mémoire toujours active des temps obscurs où perdre le feu était le seul enfer. Chaque flamme qui surgissait soudain signait la victoire magique sur la nuit, la faim, le froid, la mort.

46. SAVOIR QU'ON PARLE

Durée : quelques minutes
Matériel : aucun
Effet : déconcertant

Ce qui importe, c'est de suivre le fil des idées, de penser à ce qu'on veut dire, non de songer à la forme des mots, à leur prononciation. Si cela vous arrive, vous ne savez plus très bien quoi faire, et l'impression que laisse cette expérience est désagréable. Tout se passe comme si vous parliez dans un téléphone qui vous renvoie en écho votre propre voix, sans cesse, et vous empêche presque de continuer.

En fait, nous n'avons jamais besoin de savoir que nous sommes en train de parler. Ou bien nous nous taisons. Ou bien nous disons quelque chose qui accapare, dans l'intention que nous avons d'y parvenir, presque tout notre champ mental. Il n'est pas recommandé de se dire : « Je suis en train de m'exprimer, je prononce la phrase que je prononce. » Une telle attitude risque purement et simplement de bloquer toute possibilité de faire des phrases. Il faut par exemple empêcher qu'elle puisse perturber une conférence, un discours politique, un cours, etc., et les situations où un public attend, à bon droit, que les propos ne s'arrêtent pas net sans explication.

Vous parvenez d'ordinaire, comme chacun d'entre nous, à éviter ce déraillement. La solution consiste à maintenir à sa place – mineure, estompée, marginale – ce savoir portant sur la parole en cours. Se raccrocher au sens, à l'intention, à tout ce qui porte la phrase hors d'elle-même. Continuer d'avancer sans jamais regarder en arrière ni rester en suspens, sous peine que tout ne se bloque. Il n'y a de parole qu'en avant.

Reste à énoncer la curieuse conséquence de cette situation. Nous ne parlons qu'à la condition de l'ignorer. De maintenir sur cette lumière une forme d'obscurité concernant son existence même. Nous pouvons évidemment parler de la parole, articuler des phrases à son propos, le sujet n'est pas là. Nous ne pouvons parler en y pensant.

47. PLEURER AU CINÉMA

Durée : 90 minutes environ
Matériel : un long métrage
Effet : apaisant

Le film doit être comme il faut : pas pour intellectuels, facile à suivre, prévisible, cousu de fil blanc. Une histoire d'amour, sinon rien. S'asseoir un peu trop près, comme pour n'en pas perdre une miette, se fondre dans l'écran, oublier tout. Croire enfin que tout ce qu'on voit est vrai, grand. Beau et triste absolument. Devenir cœur d'artichaut, midinette, fleur bleue. Totalement, sinon ce n'est pas du cinéma. N'avoir donc aucune distance critique, pas le moindre sérieux triste. Défaire systématiquement toute défiance, toute interrogation. Devenir *bon* public. Hardiment, résolument.

Et quand les amants se séparent, quand meurt l'héroïne, quand triomphent le meurtre, le mal ou la bêtise, quand se brisent les rêves, quand se déchirent les cœurs, quand les violons jouent en mineur et quand résonnent les percussions, simplement pleurer. À grosses larmes tièdes. Sans réfléchir, sans avoir honte. Chaudement, intensément, interminablement. Se sentir désespéré et rassuré à la fois, emporté par l'histoire, incapable de la moindre résistance, ravagé de chagrin, heureux de le laisser couler, insoucieux du reste.

Parce que les temps sont au cynisme, à la froideur, au dénigrement, à la dérision, il convient d'expérimenter les bons sentiments de manière volontaire et libre. Sans calcul. Pour le plaisir. Cette fière veulerie des larmes qui se croient innocentes recèle un plaisir singulier, un abandon des barrières, une perte temporaire des blindages.

48. RENCONTRER DES AMIS APRÈS DES ANNÉES

Durée : 2 à 3 heures
Matériel : ami d'autrefois
Effet : chronologique

C'est une expérience qu'on peut mener à différents âges. Elle prend, suivant les moments de la vie, des teintes assez variées. Les enfants, s'ils ne se sont pas revus pendant deux ou trois ans, se reconnaissent à peine, même à un âge déjà conscient, même s'ils ont beaucoup joué ensemble. « Tu sais que c'est Antoine ? Tu te souviens de lui ? Allons... Tu reconnais Maryse, regarde, elle a toujours les mêmes yeux ! » Sourires gênés, regards ailleurs. Ils vont faire connaissance, mais ne se souviennent de rien, ou presque, et confusément.

À l'adolescence, quand on n'a pas rencontré depuis longtemps un copain ou une copine, c'est à la fois amusant et troublant. L'amusement et, le malaise ensemble viennent des traits conservés, de l'air tout de suite retrouvé, mêlés aux seins, aux poils, à tout ce qui pousse en ce temps-là. On se reconnaît petit dans des corps de grands. Ça fait drôle.

Les adultes peuvent jouer les prolongations. Dix, vingt, trente ans ou plus sans se voir. La curieuse attente dans le café ou le restaurant, savoir si l'on va se reconnaître et sous quel masque, quelles rides, quel poids du temps passé. Un assez rare mélange d'appréhension et de tendresse, sans qu'on parvienne à vraiment savoir si l'appréhension est pour l'autre ou pour soi. La tendresse non plus.

Et puis cette étrange façon, tout en reconnaissant l'autre à la première seconde (à quoi ? l'œil ? le sourire ? un port de tête ?), de scruter les ravages avec incrédulité. L'autre, c'est évident, a vieilli. Et soi-même aussi, on le sait, mais on ne se voit pas. Et puis on s'est habitué, au fil des jours. Ce qui est alors bizarrement émouvant, c'est la soudaine angoisse du temps terrible qui vous atteint, de façon indirecte, parce que vous soupçonnez que vous aussi...

49. FLÂNER CHEZ LES BOUQUINISTES

Durée : 2 ou 3 heures
Matériel : plusieurs librairies d'occasion
Effet : divagant

Une affaire de hasard. Vous avez, par chance, un peu de temps libre, de manière imprévue. Entre deux rendez-vous, ou parce que les transports sont en grève. Ou comme ça, en passant. Rien de prémédité, en tout cas. Et vous vous retrouvez chez des bouquinistes. Laissons la ville, le quartier, le pays ou la saison. Village de livres, boutique unique ou rue spécialisée, la seule chose qui compte est que vous entriez, tout entier, dans la ronde des titres.

Vous passez de rayon en rayon, d'étagère en étagère, d'un mur à l'autre. Vous ne cherchez rien de particulier. Et vous vous sentez sollicité par des titres, des auteurs, des personnages. Comme si chaque livre vous interpellait, essayant de vous attirer à lui. Vous devinez derrière chaque couverture, comme derrière autant de fenêtres closes et de volets tirés, des vies entières, des souffles. Dans chaque volume, des destins vous attendent. Petits destins de trois fois rien, fatalités de passage. Qu'importe. Si vous entrez vous serez emporté, assez longtemps, assez loin.

Mais la concurrence est rude. Parmi ces milliers de volumes, lesquels allez-vous suivre ? Vous percevez, de proche en proche, les murmures de tous ces titres en train de racoler. « Tu me lis, mon chou ? », « Emmène-moi, tu ne le regretteras pas... », « Si tu m'entrouvres, c'est sûr que tu n'arrêteras plus ! », « Je n'attends que toi ! Prends-moi ! Prends-moi ! » Vous passez vite et de loin d'un chuchotement à l'autre. Vous entendez les voix basses, vous respirez les haleines tièdes des textes qui s'offrent.

Alors vous percevez directement cette vérité : la littérature est prostitution. Au moins en un sens. Chaque histoire imprimée est une pute qui tente de se faire remarquer, de capter un moment l'esprit qui passe, de se prolonger dans une attention prêtée. L'ensemble des arts est d'ailleurs ainsi : les œuvres chuchotent toutes des obscénités à voix basse, et le regard passe en glissant de l'une à l'autre.

Vous finirez peut-être par considérer les librairies comme des bordels, les expositions comme des partouzes, la culture comme une orgie. Même si votre moment de liberté s'achève, les appels continuent. Et vous éprouvez pour les artistes une profonde compassion.

50. DEVENIR LA MUSIQUE

Durée : 20 à 120 minutes
Matériel : une musique
Effet : réaliste

Mettez l'ampli presque à fond. Une musique que vous aimez, et fermez les yeux. Abandonnez toute forme de vigilance. Aucun effort pour voir ni entendre ni penser quoi que ce soit. Relâchez la totalité de vos muscles. Votre corps s'alourdit, s'alanguit, pèse mollement sur le canapé (ou le sol, ou le lit) où vous êtes allongé. Tout le reste se dissipe.

Rien que la musique. Attendez, laissez faire. Votre intervention volontaire est inutile ou même néfaste. La musique absolument, impérieusement, elle seule. Elle ne vous envahit pas, c'est vous qui allez vous dissoudre, partir en notes, devenir rythme et timbres. Vous savez d'ailleurs combien c'est inexact, mal formulé, approximatif. Car les mots ne sont pas faits pour ça. Il faut attendre ce moment sans phrases où l'on ne saurait même dire que vous flottez dans la musique, car il y aurait encore, pour qu'une telle expression ait un sens, un « vous » distinct des sons eux-mêmes. C'est cela qui s'abolit. Il ne reste que matière sonore, seule absolument, pulsation pure, et vous l'êtes devenu.

Alors vous pouvez faire l'expérience – fugitive, de biais, à la limite – d'apercevoir comme du dehors ce corps abandonné, inerte, que vous regarderez de loin, sans souci que ce soit vous. Les histoires de chamans et de sorciers dans lesquelles il est question d'abandonner un temps l'enveloppe corporelle, d'en sortir et de la voir d'au-dessus, ce sont des histoires de musique. Comment ne l'aviez-vous pas su plus tôt ?

Ce n'était encore qu'une étape. La magie, les pouvoirs spéciaux, ce sont des moments à traverser. Devenir la musique ne sert pas à voyager. Quand on continue, il n'y est plus question de déplacement. Pas même de lieu ni de distance. Bientôt, il ne reste rien qui vous permette de vous repérer. La musique seule subsiste. Elle forme la texture même de la présence, l'accès direct à toute existence. Et vous trouvez sans énigme la phrase d'habitude impossible à comprendre : « Si le monde disparaissait, il resterait la musique. »

51. S'ARRACHER UN CHEVEU

Durée : 3 secondes
Matériel : un cheveu
Effet : infime

La douleur est minuscule. Une tête d'épingle, une pointe d'instant, juste un décollement sec, infime, de la peau du crâne. Vous avez saisi un de vos cheveux et tiré d'un coup sec, perpendiculaire. Peut-être avez-vous hésité, de peur d'avoir plus mal que prévu. Peut-être, aussi, avez-vous dû vous y prendre à plusieurs reprises avant de trouver l'élan suffisant, la brève saccade qui suffit.

À présent, ça y est. Le cheveu est entre vos doigts. Il ne reste sur votre tête, à l'endroit exact où il était, qu'un éclat circonscrit qui irradie petit à petit, comme par cercles immobiles allant grandissant. Douleur à la fois précise et floue – inhabituelle, parce que d'abord délimitée avec une absolue précision et s'estompant ensuite à mesure, jusqu'à devenir indistincte. Souvenir de douleur étalé sur la peau plutôt que perception encore présente.

Voilà bien une expérience idiote, direz-vous. Tout à fait inutile, dépourvue d'intérêt. Vous avez entièrement raison. C'est justement à cela qu'elle sert : rendre sensible une infinité de questions sans portée autant que sans réponse. Vous voilà avec un cheveu en moins. Combien en aviez-vous tout à l'heure ? Combien en avez-vous maintenant ? Vous êtes-vous jamais préoccupé de savoir le nombre exact de cheveux que vous avez ? Pourquoi vous en désintéressez-vous ? Avec un cheveu en moins, êtes-vous devenu chauve ? À partir de combien de cheveux en moins est-on chauve ? Qui le sait ?

Ce sont des interrogations sans réponse parce qu'elles portent sur des questions de frontières, des délimitations d'identité. Or les frontières ne sont pas des lignes : nous savons que telle personne n'est pas chauve, que telle autre l'est, mais nous ne sommes pas en mesure de tracer une démarcation précise, exacte au cheveu près, entre chauve et non chauve. Nous cernons de la même manière, approximativement, notre propre identité. Mais nous sommes évidemment des ensembles flous, des halos, des brumes, incapables de savoir, au cheveu près, où nous en sommes. Nous continuerons à n'en rien savoir, et à considérer que c'est une douleur minuscule.

52. SE PROMENER DANS UNE FORÊT IMAGINAIRE

Durée : 2 à 3 heures
Matériel : une forêt
Effet : renversant

Il faut de préférence un vrai bois. L'hiver est recommandé, en tout cas une saison permettant de marcher assez longtemps, d'un pas soutenu, sans être incommodé par la chaleur. Une exacte régularité du souffle est souhaitable. Vous allez donc marcher d'un pas assez vif, un bon moment, sans vous préoccuper de rien d'autre que de régler précisément votre respiration sur votre pas.

La première étape consiste à produire en vous, par répétition, un rythme sans surprise, presque sans pensée. Pour savoir si vous êtes installé dans le tempo de cette marche en forêt, la vérification est facile : arrêtez-vous soudain de marcher, en continuant de respirer au même rythme. Si les arbres, eux, s'obstinent à avancer, vous êtes entré dans la bonne voie. Si, au contraire, le paysage tout entier se fige en même temps que vous, continuez à marcher, vous n'êtes pas encore parvenu au début de l'histoire.

Quand vous aurez pu vérifier que vous êtes dans le rythme, poursuivez. Vous allez entrer dans un autre pays. Pas besoin pour cela du concours des fées, ni des elfes. Ni gnomes ni trolls. Juste un peu de bonne volonté, une certaine constance. Un zeste d'enthousiasme.

Imaginez simplement que la forêt est votre âme. C'est en vous-même que vous cheminez ainsi. L'enchevêtrement des futaies, la garde blanche des bouleaux, l'humus humide et la mousse, non, ce n'est pas dehors. Par l'effet de quelque sort opaque, dont vous n'avez rien à connaître, tout s'est retourné. Vous êtes en train de déambuler à l'intérieur de votre pensée. Vous soupçonnez que, peut-être, on ne sort jamais de soi. Ne cherchez pas à comprendre pourquoi il en va ainsi. Constatez seulement que ces demi-teintes et ces clairs-obscurs sont en vous. Vous appartiennent, comme d'intimes propriétés, et la pénombre des sous-bois et la sérénité des clairières, la dure obstination des souches et la légèreté diaphane des coins d'air.

Vous entrevoyez que peut-être l'esprit n'a pas de dehors, ou bien, à supposer qu'il existe, qu'on n'en peut rien savoir.

Libre à vous de tirer de lourdes conséquences de ce jeu sylvestre. Il peut suffire de n'en retenir qu'un point de méthode : l'imaginaire n'est jamais, et n'a pas à être, quelque chose qui s'ajoute au réel, s'oppose à lui, le contredit ou l'estompe. C'est toujours la réalité elle-même qu'il faut rendre imaginaire.

53. MANIFESTER SEUL

Durée : 30 à 40 minutes
Matériel : un espace libre
Effet : dépolitisant

Tranquille, vous déambulez dans la rue. Ce n'est qu'une apparence ! Bien que rien ne le laisse deviner, ni dans votre pas ni dans vos gestes, vous êtes en train de manifester. Il n'y a que vous qui le sachiez. Personne n'en peut rien deviner. Aucune banderole, pas le moindre cri. Pas même un indice, un décalage quelconque, pouvant signaler que votre parcours a quelque particularité. Rien, absolument rien qui sorte de l'ordinaire.

Vous marchez donc en silence. Mais vous scandez des slogans dans votre tête. Des slogans très hostiles au gouvernement, opposés à sa politique. Des formules drôles, rythmées, frappantes. Éventuellement des injures, des phrases diffamatoires, des propos tombant sous le coup de la loi. Vous défiez l'autorité, vous bravez la police, vous interpellez l'opinion, vous clamez votre résolution, vous protestez.

Mais personne n'en sait rien, ni la dame que vous croisez ni l'enfant qui vous dépasse. Pas même le flic qui vous regarde indifférent du coin de la rue. Ce n'est pas une manifestation. Vous êtes seul et silencieux. Juste une expérience pour voir. Mais voir quoi ?

Qu'il serait possible que chacun en fasse autant sans qu'aucun des autres ne le sache. La rue paisible, où se croisent des gens qui vont et viennent, où chacun vaque à ses occupations, suit son trajet, est peut-être le théâtre muet de secrètes protestations et de soulèvements imperceptibles.

D'ailleurs, c'est ainsi. Songez une seconde aux grandes passions qui, dans une rue banale et neutre, se mêlent sans le savoir. En quelques pas sur le trottoir depuis tout à l'heure vous avez croisé un terroriste, une femme que ronge un cancer, un chômeur désespéré, un drogué en manque, une adolescente enceinte, un immigré sans papiers, un espoir abandonné. Et vous n'en avez rien su. Et vous n'en pouviez rien savoir. Manifestement.

54. TENIR DANS UN HAMAC

Durée : précaire
Matériel : un hamac
Effet : risqué

Il ne faut pas qu'il soit large. Écarter ces hamacs à fond plat, qui sont des matelas suspendus. Rien à voir avec le vrai, l'instable, le difficile hamac authentique. À moins d'être né dedans, d'avoir appris depuis toujours à y dormir et à s'y tourner, les débuts sont risqués. Pas de brusquerie. Aucun mouvement inconsidéré. Le mieux est de s'abandonner, lourdement, à son propre poids mou.

Ce qu'il faut comprendre, de l'intérieur, c'est qu'aucune stabilité n'est jamais acquise une fois pour toutes. La chute est toujours possible, même quand on croit savoir. La meilleure garantie pour conserver l'équilibre, c'est d'être conscient qu'il peut être soudain rompu. À tout moment. Sans qu'on sache pourquoi. Cette cassure toujours possible, il faut l'avoir acceptée, rendue légère, gardée présente mais à distance. On ne parvient à conjurer la chute qu'en se souvenant qu'elle est possible et en considérant cette éventualité permanente d'un œil distrait.

L'apprentissage du hamac vous fait expérimenter, en fin de compte, l'extrême allégement que suscite le pessimisme. Que le pire soit toujours possible sans être jamais assuré rend en fin de compte la réalité assez aérienne. On s'y trouve débarrassé des illusions de la certitude, cousine de l'angoisse des écrasements. Entretenir un léger balancement est même recommandé.

Récapitulons. La chute toujours présente, mais comme une possibilité seulement. L'abandon au risque qui devient protecteur. Une certaine ironie envers le pire. Évidemment, il faut tenir dans la vie comme dans un hamac.

55. INVENTER LES TITRES DE L'ACTUALITÉ

Durée : 15 minutes environ
Matériel : papier, crayon
Effet : calmant

Vous êtes loin de tout. Cela arrive. Pas même une radio, pas un téléphone. Ni journaux ni télé. Déconnecté, tout à fait. Vous désirez pourtant votre dose de nouvelles. Selon les spécialistes, la dépendance à l'actualité prend des formes plus ou moins aiguës. Les uns doivent s'injecter leur dose d'infos plusieurs fois par jour. D'autres tiennent avec juste une ligne d'actu matin et soir. Les titres peuvent se prendre en comprimés, dilués dans un spectacle, ou directement à l'écran. Vous pouvez vous fixer par fax, par mèle, par ouap.

Cette fois, vous êtes tout à fait démuni. Aucune machine sous la main, pas une demeure à l'horizon. Il va falloir se débrouiller quand même. Les titres, vous allez les inventer. Rien ne peut vous les transmettre ? Eh bien, il y en aura quand même ! Vous allez voir, ce n'est pas si difficile. En politique intérieure, vous avez le choix entre une démission de ministre, un nouveau train de mesures (il sera, selon votre humeur, consacré à la fiscalité, à l'éducation, aux transports, à l'environnement), un scandale, une compromission, une polémique, un voyage officiel. En politique internationale, une guerre, un coup d'État, une réunion d'experts (elle portera, selon votre humeur encore, sur les questions monétaires, le commerce électronique, ou la pêche), voire un attentat terroriste, un tremblement de terre, un incendie, une inondation.

N'omettez pas quelques nouvelles des sciences : un pas de plus vers le clonage humain, la découverte d'un trafic d'organes, un nouveau matériau pour le stockage de données. Ajoutez un peu de culture : derniers films, nouvelle exposition, portrait d'écrivain. Continuez, si le cœur vous en dit, par quelques échos « people » : un divorce d'actrice, deux mariages de princesses, un chanteur arrêté pour excès de vitesse.

Touche finale : quelques faits divers, un viol en province, un meurtre en banlieue, un accident de car sur l'autoroute. Voilà. Vous avez à peu près ce qu'il vous faut, quelques accessoires mis à part. Mais rien ne vous empêche de fabriquer encore, en vitesse, une petite météo, quelques cours de la Bourse et même les résultats de la loterie. En cas de panne quelque part dans le sommaire, songez à un mort, une personnalité politique de premier plan, un prix Nobel de littérature, un cinéaste renommé, avec rétrospective, jugements élogieux et page d'histoire.

Combler le manque n'est pas le but de cette expérience. Il est de vous faire éprouver combien le flot d'informations ne cesse de se répéter, identique à lui-même. Sans progrès, sans nouveauté. L'extrême facilité avec laquelle il est possible de fabriquer une pseudo-actualité confirme que la chose la moins nouvelle qui soit, ce sont bien les nouvelles. Elles ne disent, indéfiniment, que les misères sans fin des hommes. Pour décorer ce message somme toute dépourvu d'attraits, elles s'emploient à suggérer qu'il advient de l'inédit. Peut-être, si vous recommencez cette expérience de temps à autre, en viendrez-vous à considérer que ces tonnes d'infos sont sans grande importance, presque sans réalité. Est-ce une information ?

56. ÉCOUTER LES ONDES COURTES

Durée : 15 à 60 minutes
Matériel : un poste de radio à ondes courtes
Effet : cosmopolitique

C'est une magie déjà vieille. Au temps d'Internet et des réseaux, la radio a quelque chose de préhistorique, de désuet, presque de dérisoire. Elle rappelle ces matières antiques qui se nommaient bakélite ou chatterton. C'est un autre âge qui l'a produite, et l'empreinte reste. Mais sa vétusté relative n'empêche pas qu'on puisse en tirer encore quelque belle expérience.

Procurez-vous donc un poste de radio à ondes courtes. Attendez de préférence la nuit. La réception est souvent meilleure, l'effet imaginaire toujours plus grand (bien que rien n'interdise de conduire cette expérience en plein jour). Allumez le poste, tournez lentement le bouton des stations, de manière continue. Essayez de n'avoir aucune information sur ce que vous écoutez. Négligez, si elles existent, les indications fournies par le poste et les curseurs. Évitez de savoir à l'avance si vous écoutez Helsinki ou Madrid, La Paz ou Toronto. Avancez à tâtons. La magie marche encore.

De seconde en seconde, vous passez d'un univers à l'autre. Les voix changent de timbre, de débit, d'intonation. Vous distinguez immédiatement certaines langues, d'autres vous laissent perplexe, vous font hésiter. Est-ce bien du hongrois ? Comment distinguer le bulgare et le roumain, si l'on n'en sait presque rien ? Et les langues du Nord ? Et celles d'Asie ? Vous expérimentez que vous êtes à la fois au plus près et au plus loin de ces gens inconnus tous en train de parler à l'instant. Vous les entendez distinctement, certains comme s'ils étaient tout près. Pourtant vous ne savez où les situer, ni ce qu'ils disent, ni même comment se nomme la langue qu'ils parlent.

Vous avancez entouré d'ombres parlantes, de présences absentes. Vous les savez vivantes, sans doute, mais sans pouvoir dire en quel endroit ni avec quelles préoccupations. Vous pouvez les imaginer, à votre gré, dans leur studio, parlant devant le micro, dans tel décor ici neutre et là sordide. Vous pouvez songer à ceux qui les écoutent, paysans serbes, marchands du Caire, cadres de Copenhague, habitants de lieux dissemblables, vêtus différemment, ne partageant ni les mêmes goûts ni les mêmes craintes.

Et vous buterez sur une énigme de la technique. Dans la solitude, le silence, le plus splendide isolement que vous puissiez rêver, il y a toujours autour de vous, tapies dans l'air, impossibles à détecter sans machine, en attente d'un bruissement audible, ces centaines de voix murmurantes, en des dizaines de langues inconnues ou méconnaissables, dont vous ne saurez jamais rien, sauf qu'elles étendent sur tout, interminablement, une pâte humaine obscure et changeante.

57. COUPER LE SON DE LA TÉLÉ

Durée : 5 minutes environ
Matériel : une télévision en état de marche
Effet : instructif

Il est assez rare qu'on regarde, de manière effective, la télévision. Même ceux qui y passent beaucoup de temps et consomment de multiples programmes ne l'observent pas véritablement. Car, presque toujours, on écoute. L'image-son est donnée comme tout, elle fait sens en entier. Que l'émission soit stupide ou sublime, on s'intéresse à ce bloc, on écoute et voit. On ne scrute pas des images, dans leur étrangeté.

Commencez donc par couper le son, et regardez. Vous allez traverser d'abord une couche de ridicule. Il est vrai qu'ils sont risibles, ces gens qui débattent, s'animent et s'échauffent sans qu'on sache pourquoi, ces présentatrices qui minaudent, gigotent, sourient et puis minaudent, gigotent, sourient et puis minaudent, gigotent, sourient avant le générique et en attendant la prochaine. Risibles les chanteurs sans voix, les journalistes muets, les acteurs qui articulent sans proférer un son et hurlent en silence, les publicités sans musique ni enthousiasme.

Ce n'est pas le pire. Sous le ridicule, plus ou moins profond, plus ou moins épais, se tient la terreur. Quelque chose de mécanique, de figé, d'inhumain habite ces visages qui continuent à remuer les lèvres en vain et à gonfler les joues pour rien. Tout autre chose que la mort, le froid des cadavres, leur immobilité blanche. Une agitation vidée de vie, un effort vain pour échapper au néant, un mouvement qui retombe.

Il faut écarter cela aussi, en finir avec l'épouvante comme avec le risible. Cesser de rire et cesser de se faire peur. Avancer en diagonale entre ridicule et machinal. Voir seulement comme elles sont ces images sans le son : au fond insipides, dépourvues de saveur. Neutres et vides. La télé aussi peut conduire à la sagesse.

58. RETROUVER UN LIEU D'ENFANCE QUI PARAISSAIT BIEN PLUS GRAND

Durée : instantanée
Matériel : un lieu d'enfance
Effet : déboîtant

Ça nous est arrivé à tous. Dans le souvenir, souvent précis jusqu'au détail, c'était démesuré. Vaste champ de course, esplanade sans fin, cour immense, terrain d'escapade, lieu de cavalcade, de cachette, d'embuscade, pampa, steppe, forêt vierge. S'exposer à découvert, en plaine, exigeait du courage. Tout traverser d'un bout à l'autre demandait de la patience, et pas mal de force.

On n'a pas grandi là. Jamais ne se présenta l'occasion de revenir, de se mesurer peu à peu au lieu. Voilà soudain qu'on y retourne, adulte. C'est un espace tout petit. Restreint, rétréci, rabougri, peau-dechagriné. Tout est pourtant identique : le volume d'ensemble et les détails, cette fenêtre dans le coin, ce petit pan de mur à peine jaune.

Mais c'est une maquette, un modèle réduit, un monument en miniature.

Expérimentez cette qualité particulière de surprise et d'étrange malaise. Vous vous prenez comme référence, mais vous n'avez pas de perception immédiate de votre changement de taille. Vous considérez donc spontanément que les choses, elles, ont changé, se sont tassées, rétrécies. C'est pourquoi vous avez l'air, tout à coup ici, d'être géant.

Vous avez beau savoir qu'il n'en va pas ainsi, le malaise persiste. Votre souvenir et la perception présente ne s'ajustent pas. Les deux sont vifs. Les deux sont incompatibles. Vous vous sentez en porte-à-faux, comme si vous étiez de trop, entre votre mémoire qui a raison et votre présent aussi. Ce qui vous encombre, c'est l'idée d'une continuité de vous-même.

59. S'HABITUER À MANGER QUELQUE CHOSE QUE L'ON N'AIME PAS

Durée : quelques années
Matériel : un aliment détesté
Effet : civilisant

Vous n'aimez vraiment pas ça. Rien à faire, même après avoir essayé avec honnêteté, plusieurs fois, en des circonstances diverses et à intervalles assez éloignés, eh bien non, franchement non, vous n'aimez pas ! Vous n'avez pas été malade quand vous en avez absorbé, ça ne vous a ni chatouillé ni grattouillé. L'allergie peut être laissée de côté. C'est une pure affaire de goût. Eh bien, vous allez en manger.

Tout d'abord, un peu, juste une bouchée, stoïquement et de temps à autre, comme un grand signe d'indépendance. Et puis, un peu plus souvent, un peu plus régulièrement, un peu plus simplement. Au bout de quelques années, si vous persévérez dans votre entêtement, vous en mangerez presque sans le remarquer. Vous n'aimerez toujours pas ça. Mais le fait sera banal, le déplaisir émoussé, l'indifférence à peu près acquise. Il se peut même que vous finissiez par avoir pour cet aliment une certaine prédilection, liée non pas à son goût (toujours haïssable, sauf extraordinaire) ni à l'accoutumance de la répétition, mais à une certaine tendresse envers vous-même pour être parvenu à surmonter cette aversion.

Reste à savoir pour quelle raison on peut choisir de s'infliger cette contrainte, apparemment gratuite, éventuellement idiote et inutilement désagréable. La réponse écartera toute objection : au nom de la civilisation ! En quoi consiste en effet la civilisation, quelles que soient les différences de culture et d'époque ? À ne pas suivre aveuglément les attirances, à ne pas obéir de façon mécanique aux répulsions. La civilisation vient compliquer le jeu, contrarier les impulsions. Il vous sera donc répondu que cette longue expérience a pour but de vous faire participer, de manière éducative et désintéressée, à la grande aventure humaine.

Seuls de mauvais esprits verront là un argument en faveur de la barbarie.

60. JEÛNER QUELQUE TEMPS

Durée : 12 à 36 heures
Matériel : aucun
Effet : désertique

Ce n'est pas par hasard que toutes les traditions spirituelles, partout dans le monde, à toutes les époques, ont utilisé le jeûne. Il n'est pas, drogues mises à part, de moyen plus puissant pour modifier notre rapport au monde. Effrayer ou apaiser, obséder ou rendre indifférent, déranger ou calmer, le jeûne peut tout cela, selon les moments, les intensités, les circonstances. Cela d'ailleurs ne saurait étonner : notre relation à la réalité la plus archaïque, la plus constante, la plus organique passe par la nourriture. S'abstenir volontairement de manger touche donc, directement, à notre plus ancienne assise.

Chacun en effet réagit à sa façon, en fonction de son passé, de son architecture intérieure. Un tel est angoissé, aussitôt, convaincu de se retrouver dans un paysage aride, minéral, un désert de pierres qu'aucune saveur jamais ne viendra plus rassurer et adoucir. Tel autre se trouve au contraire rassuré, allégé des contraintes alimentaires, débarrassé enfin de la terrible obligation d'ingérer des matières solides à heures fixes.

Si vous n'avez pas déjà expérimenté ce genre de situation, commencez par une seule journée. Sauf contre-indication médicale somme toute rare, ce n'est guère dangereux. Prenez régulièrement de l'eau sucrée. Ne recherchez rien d'exceptionnel. Explorez juste les modifications de votre humeur, et plus généralement de ce qui vous apparaît comme la « réalité », au bout de quelques heures à peine.

Un peu de glucose en moins, quelques graisses différées, des protéines absentes, et voilà que vous ne voyez plus le monde de la même manière. Ne pensez-vous pas qu'il conviendrait de tirer de cette situation toutes les conséquences possibles ? Eh bien, essayez.

61. GROGNER DIX MINUTES

Durée : comme indiqué
Matériel : aucun
Effet : rigoureux

Il y a toujours une raison. On manifeste mauvaise humeur et mécontentement pour avoir été blessé. Quelqu'un vous a heurté. Quelque chose vous a été désagréable. Alors vous grognez. À tort ou à raison (à bon droit, de votre point de vue). Vous protestez contre un désagrément, une injustice. Vous faites savoir votre déplaisir par vos cris et vos grincements de dents.

Le jeu consiste à faire la même chose, mais à froid. Sans motif, gratuitement. Vous allez faire les gestes de la colère sans l'éprouver. Tout seul, installé dans une pièce, vous commencez sans motif à grogner.

Passez par-delà la gêne des premiers instants. Poussez des sortes de gémissements, faites des bruits de gorge. Contractez le diaphragme. Aboyez, maugréez, dites des phrases toutes faites d'un ton violent : « C'est pas croyable ! », « Non mais, c'est pas bientôt fini ! », « Oser faire une chose pareille ! », « C'est i-ni-ma-gi-nable ! », « Ah ! les salauds ! les ordures ! les crapules ! les chiens ! les cons ! les sales cons ! »

Évitez de penser à quoi que ce soit. Veillez à ne pas susciter en vous un mouvement effectif de mauvaise humeur. Contentez-vous de prononcer les mots. Restez calme. Continuez. Pensez qu'on va vous filmer et qu'il faut que ça ait l'air vrai. Continuez à grogner. Tapez du pied, ou du poing, ou les deux, où vous voulez. Criez que c'est dégueulasse, odieux, ignoble, inadmissible. Vous les aurez. Ils vous le paieront. Vous saurez les réduire en bouillie, les écraser, leur faire rendre grâce, ils vont le regretter. Faites encore quelques bruits forts avec le fond de la gorge. Utilisez bien le souffle, la glotte.

Arrêtez tout. Respirez. Buvez un verre d'eau. Ouvrez la fenêtre. Retenez qu'une colère pourrait n'être exactement rien d'autre que ça.

62. TRAVERSER UNE FORÊT EN VOITURE

Durée : 10 à 20 minutes
Matériel : voiture, forêt, route
Effet : jurassique

Le défilement des arbres produit presque immédiatement un effet d'irréalité, de cinéma. Si vous avez la chance d'être passager, n'hésitez pas à tourner la tête vers le bord de la route et à garder le regard fixe, pour les voir défiler à grande allure, mécaniquement. Ce n'est qu'une première hypnose. Le pas suivant est franchi avec la contemplation des sous-bois, plus ou moins sombres suivant les forêts. Le regard cette fois se fixe assez loin, dans les creux sous les branches, dans la lumière verte, parfois presque le noir. Comment vit-on à cet endroit ? Comment serait-ce d'y être constamment ? Comment était-ce au Moyen Âge, ici même et ailleurs, avant qu'on ne défriche à grande échelle ?

La voiture vous procure une protection spéciale. Vous traversez, et très vite, et protégé par la tôle et les vitres. Les terreurs discrètes de la forêt pourtant vous rattrapent, s'infiltrent. Même en accélérant, vous savez soudain que vous ne sortirez jamais de ce bois.

63. DONNER SANS RÉFLÉCHIR

Durée : instantanée
Matériel : sous la main
Effet : gracieux

L'ennui des gestes qui s'enchaînent, des parcours prévus et des tâches sans surprise vous a déjà tout à fait envahi. Vous avancez, machinal, dans un temps qui ne vous intéresse plus. Presque de l'indifférence. À vous-même aussi bien, aux autres et aux choses. Surgit alors une misère. Une vraie. Clochard assis, enfant sale, ou estropié, ou malade, peau rougie par le froid, les nuits dehors, le vin. Coin de la rue, trottoir directement, bouche de métro, feu rouge, partout. Soudain.

Donnez tout de suite. Sans savoir sans réfléchir sans calculer. Aucune délibération. Pas de théorie, pas de justification. Donnez ce que vous avez sous la main, un billet, un sandwich, un livre, un stylo, un sourire. Ne vous occupez ni de la valeur des choses ni de la pertinence du geste.

Faites l'expérience de donner d'emblée. Pas tout

à fait n'importe quoi à n'importe qui, mais quelque chose de vous, qui êtes à peu près protégé, à peu près confortable, à peu près sans vrai besoin, à l'autre qui attend. Juste parce qu'une main se tend.

Vous pourrez penser, à froid, que le geste est arbitraire, en un sens injuste à force de déraison et d'aléas. Dès que vous réfléchirez, vous aurez toutes les raisons, bonnes ou mauvaises, de trouver l'aumône inutile, la mendicité immorale, la charité suspecte. C'est pourquoi il faut écarter avec violence toute réflexion survenant à l'instant où l'on donne. Le don relève de la pitié, cette impulsion soudaine à secourir, à être solidaire, que l'analyse combat et dissout.

Dans cette circonstance, il ne faut pas hésiter à faire taire la réflexion par la force. La mémoire conserve la gratitude de tels instants. Vous avez depuis longtemps oublié les petits repas ingérés raisonnablement, depuis longtemps effacé de votre mémoire l'argent dépensé logiquement. Vous vous souvenez au contraire de ceux que vous avez donnés. Et des gestes, des visages, des mots allant avec. Ce n'est pas seulement le contraire de l'oubli. C'est l'inverse du remords.

64. CHERCHER UN ALIMENT BLEU

Durée : indéfinie
Matériel : indéterminé
Effet : imprécis

Vue d'ailleurs, on l'appelle la planète bleue. Il est vrai qu'il y a, sur terre, une quantité phénoménale de bleu. Le ciel pendant la journée, quand il est sans nuages, les océans. Nous ne cessons d'être immergés dans le bleu, de le contempler, de le respirer. Mais il est impossible de le manger. Le bleu n'est pas comestible. Il se soustrait à notre dévoration.

C'est un mystère très simple et cependant très grand. Il existe en effet des aliments de toutes couleurs. Pratiquement toutes peuvent exciter notre appétit. Mais rien de bleu ne se mange, et la présence d'un aliment bleu clair, ou bleu vif, ou carrément outremer a des chances de paraître repoussante. L'observation d'une crème glacée bleu roi peut vous donner le sentiment non seulement d'un extrême artifice, mais d'une sorte d'indéfinissable malaise.

Quelques très rares exceptions existent. Elles ne sont guère convaincantes. Le bleu des Causses ou de Bresse tire souvent sur le vert ou le noir. Le curaçao bleu convient aux tristes coquetèles faussement tropicaux, lagonesques. Le chardon de Lorraine à la liqueur est discrètement désuet. La ligne bleue des Vosges, vieille spécialité française, a presque totalement disparu des mémoires. Elle ne se dévorait d'ailleurs que des yeux.

Bref, vous pouvez toujours chercher. Rien de bleu ne se mange. En tout cas couramment et avec appétit. Rien à voir avec le vert, le rouge, le jaune, l'orange, même le noir ou le blanc, très amplement dégustés. Que faut-il en conclure ? Qu'on ne saurait ingérer le ciel, la planète, l'océan même ? Devrait-on rappeler que le bleu a aussi partie liée avec la royauté comme avec la mort ? Ah ! que d'énigmes, que d'énigmes !

65. DEVENIR SAINT OU BOURREAU

Durée : 15 à 20 minutes
Matériel : aucun
Effet : relativisant

Êtes-vous bon ? Êtes-vous méchant ? De la réponse découle une foule de conséquences. C'est en tout cas ce qu'on croit. Parce qu'on accorde un sens à cette interrogation. Une brève expérience peut vous convaincre aisément que cette demande, si importante en apparence, est dépourvue de fondement.

Considérez votre journée d'hier. Retrouvez ses moments principaux, leur enchaînement, si possible les menus détails et les pensées qui les ont accompagnés heure après heure. À partir de cette reconstitution, considérez votre attitude. Tentez de la juger. Non pas objectivement, comme si vous parveniez à prendre sur vous-même un point de vue extérieur et neutre. Insidieusement au contraire. De manière partiale, tendancieuse, excessive.

Apercevez d'abord l'extrême magnanimité de vos

moindres gestes. Interprétez en bonne part toutes vos cogitations intimes. Voyez comme vous avez été dévoué, attentif, altruiste, compatissant, désintéressé, modeste, efficace, humain, solidaire, charitable, respectueux, tout au long de cette journée.

Au premier regard, ça ne paraît pas tout à fait coller ? Le but de l'expérience est que vous parveniez à considérer vos faits et gestes sous cet angle. Peu importe ce que vous avez bien pu accomplir. Vous devez parvenir à discerner dans votre journée d'hier – que l'on supposera plus ou moins banale – les signes évidents de votre sainteté. Lorsque vous aurez le sentiment que ce résultat est à peu près acquis, repassez le film.

Et suivez le chemin exactement inverse. Efforcez-vous de trouver, dans vos actes et vos pensées de cette journée, les indices évidents de votre perversité, de votre capacité de nuire, de votre goût pour la destruction, de votre méchanceté fondamentale. Négligez là encore le déroulement, supposé banal, de votre comportement et de vos sentiments. Parvenez à trouver, dans tout ce qui a été fait et dit, la confirmation de votre caractère ignoble, veule, odieux, diabolique, cruel, égoïste, manipulateur. Voyez-vous en bourreau. Sans plus de raison que vous vous voyiez en saint, mais avec non moins de vraisemblance si possible.

Appliquez cela aux autres, à votre entourage.

Et ensuite, si vous l'avez suffisamment bien accompli, essayez donc de croire aux jugements moraux, aux examens de conscience.

66. RETROUVER DES SOUVENIRS PERDUS

Durée : 30 minutes ou plus
Matériel : une mémoire
Effet : imprévisible

Vous savez tant de choses ! Cela vous paraît tellement usuel et simple que vous ne vous en rendez pas compte. Vous connaissez par exemple, quel que soit votre degré d'instruction, des milliers et des milliers de mots de votre langue maternelle, et des règles de grammaire, d'arithmétique, de géométrie. Vous vous souvenez aussi d'innombrables histoires, réelles ou inventées, vécues par vous et les vôtres, transmises par les historiens ou les témoins, empruntées aussi à des contes, des romans, des films.

L'expérience consiste à constater que vous possédez dans votre mémoire plus de souvenirs que vous ne le savez vous-même. Évidemment, vous en êtes déjà averti. Faites malgré tout l'expérience : prenez une demi-heure et un fauteuil. Fermez les yeux, et partez à la recherche d'un souvenir perdu, de manière volontariste et brutale.

On pourrait croire qu'une traque de ce type est vouée d'avance à l'échec. Trop directe, trop grossière. Pas du tout. Il est rare qu'elle rate. Presque toujours, on se retrouve avec un souvenir à déplier – un fait, une date, un geste, une scène, un visage – qu'on aurait cru tout à fait disparu.

Vous ne devez pas partir entièrement au hasard. Suivez d'abord le fil de quelques grandes catégories : travail, vacances, événements historiques ou familiaux. Prenez pour guide virtuel un visage, une année, un lieu, une émotion. Suivez, tournez, creusez. Ne forcez pas, n'insistez guère. Laissez venir. Au moment où vous ne vous y attendez plus, survient un fragment d'image, un bruit, une odeur, une scène. L'ensemble peut être donné d'un coup, dans sa totalité. Ou bien il faut ouvrir, développer, défaire un à un les plis rabattus.

Renoncez donc de temps à autre à partir en promenade au-dehors. Au lieu de sortir, entrez, fouillez, flânez en vous, et découvrez, comme on cueille des champignons ou des truffes, des souvenirs invisibles en surface.

67. REGARDER L'AUTRE DORMIR

Durée : quelques minutes
Matériel : autre dormant
Effet : attendrissant

Vous connaissez chaque centimètre de sa peau, le grain de sa voix, ses mouvements d'yeux et presque toutes ses réactions. Vous aimez son rire, son port de tête, et jusqu'à (par exemple) une légère imperfection connue de vous seul, peut-être. Bref, vous avez déjà eu l'occasion de vous rencontrer.

Pourtant, si vous la contemplez pendant son sommeil, sans doute aurez-vous l'impression de ne pas tout à fait la connaître. Ce visage n'est plus présent à lui-même, il s'est comme absenté du dedans. Les yeux clos, le corps alangui, la posture inattendue, cette innocence têtue. Et le souffle qui s'entend comme un autre abandon. Pourquoi éprouver ce très curieux mélange d'immense confiance, de légère inquiétude et de vague gêne, comme si vous contempliez quelque scène que vous ne devriez pas voir ?

Sans doute est-ce la juxtaposition de présence et

d'absence qui crée ce trouble. Peut-être ne savez-vous plus vraiment si cette Belle au bois est bien la même que celle que vous aimez. Vous ne le saurez jamais. Cela peut amuser. Quoique. Il n'y a donc que la porter dans votre tendresse qui puisse aller, au plus loin où vous pouvez l'attendre, au plus vivant de ce silence dont elle ne saura rien.

68. TRAVAILLER UN JOUR FÉRIÉ

Durée : 8 heures
Matériel : un jour férié, un travail
Effet : socialisant

C'est ainsi. À force d'habitude, et puisque tout le monde en fait autant. Sans doute n'est-ce pas un penchant, encore moins un plaisir. Mais le pli est pris. Vous vous y êtes fait. Que votre travail soit scolaire, professionnel, ménager, vous y êtes accoutumé. Il peut vous arriver de devoir continuer un jour où personne, en temps normal, n'est en activité. Alors que tous les autres dorment, rêvent, se promènent, bricolent, vont au cinéma, vous, vous allez devoir travailler.

L'expérience consiste à bien observer ce qui se passe et ce que vous ressentez. Passé quelques mouvements d'humeur, sentiments de brimade, vague persécution, petite fâcherie contre l'ordre des choses, vous entrez dans un espace flottant. Rien n'est comme d'habitude. Vous faites des gestes identiques. Vous accomplissez les mêmes tâches. L'air est pourtant différent. Il manque un bruit de fond, le cliquetis et l'effervescence des autres travaillant eux aussi. Bien sûr, il existe des signes objectifs, pas de téléphone ou des bureaux vides, ou peu de gens dans les rues. Mais ce n'est ni le plus intéressant ni le plus énigmatique.

Vous pouvez en effet n'avoir aucun indice effectif du fait que les autres, ce jour-là, ne travaillent pas. En particulier si votre activité se déroule à votre domicile. Rien ne vous montre que c'est un jour férié, et pourtant vous le ressentez de manière tangible, presque palpable, physique.

Est-ce votre imagination seule qui vous fait éprouver ce changement ? Existe-t-il au contraire une forme de perception du collectif, une sensation sociale, un sens subtil du brouhaha de tous ? La vie, décidément, est pleine de mystères.

69. CONSIDÉRER L'HUMANITÉ COMME UNE ERREUR

Durée : environ une heure
Matériel : aucun
Effet : tonique

On nous a tant dit que nous étions exceptionnels ! Centre du monde, enfants de Dieu, conscience du tout, sel de la terre, intelligence, êtres parlants, esprit des sciences, vecteur du progrès. Notre existence fut si fêtée par tant de mythes, de religions, de philosophies, de discours complaisants qu'on ne comprend plus nos échecs, nos bassesses, nos guerres interminables et nos boues sans nombre. Il y eut bien sûr toutes sortes de solutions de rattrapage, expliquant notre chute, notre malédiction et notre double visage.

Vous pouvez expérimenter une désillusion plus radicale, sans doute plus bénéfique. Défaites tout ce que vous pouvez d'un sens quelconque de notre existence. Considérez que l'humanité est un hasard, un ratage, un accident biologique. Elle s'est développée sans ordre, sur un caillou perdu, dans un coin infinitésimal. Elle disparaîtra un jour à jamais, sans que nul en ait mémoire, sans que personne s'en soucie. Au cours des dizaines de milliers d'années où elle aura survécu, cette curieuse espèce aura interminablement stagné. Puis elle se sera multipliée inconsidérément en saccageant son lieu de vie. Elle aura aussi accumulé, avant de disparaître, une quantité de souffrances inimaginables et inutiles, des massacres et des famines, des servitudes et des oppressions.

Observez lucidement cette espèce absurde et violente. Regardez en face son absence de justification, son existence éphémère et insensée. Exercez-vous à endurer cette idée que l'humanité n'a fondamentalement ni raison d'être ni avenir. Cela devrait contribuer à vous rendre serein. Car sur ce fond de nonsens et d'horreur, l'éclat de tous les sublimes se détache comme un don sans pareil. Les musiques parfaites, les tableaux inoubliables, la gloire des basiliques, les larmes des poèmes, le rire des amants... Autant de dérivés de l'erreur. Autant de surprises innommables.

70. S'INSTALLER DANS LA PLANÈTE DES PETITS GESTES

Durée : variable
Matériel : un passé
Effet : migratoire

Croire qu'il n'existe qu'un monde est déplorable et grossier. L'univers d'une mouche n'a rien de commun avec celui d'une baleine ni avec le vôtre. Il est douteux que cette multiplicité d'univers se recoupe d'une manière ou d'une autre. Ce que vous appelez votre monde est lui-même composé d'un assez grand nombre de planètes distinctes, pas nécessairement reliées.

Pour le ressentir, tentez de vous installer dans la planète des petits gestes. Écartez de vos souvenirs tout ce qui a trait à des musiques, des sons, des couleurs, des formes, des saveurs. Tentez de ne retrouver dans votre mémoire que des mouvements, des déplacements, des sensations tactiles, des parcours de petits gestes. Certains vous ont sûrement marqué ; ils demeurent, enfouis sous le reste.

Voici, parmi d'autres, quelques-uns des miens :

une main sur mon front, posée par une femme un jour de grande détresse, la manière inoubliable qu'eut une autre de mettre son bras au mien, dans un jardin public, un jour d'automne, mon père me tapotant la nuque, ma mère faisant, pour dire au revoir, un curieux signe de la main.

Vous connaissez les vôtres. Retrouvez-les. Constatez qu'ils se répondent, trament un monde à part. Le réseau des petits gestes existe indépendamment. Explorez la planète qu'ils forment. On n'y circule pas comme dans d'autres séries de souvenirs. Il vaut la peine, de temps à autre, d'aller s'y installer un temps. Pour s'y déplacer, c'est par contiguïté, d'un geste à l'autre, comme un parcours, un enchaînement, une suite de traces pour cheminer. De toute façon, il n'est pas possible de s'y perdre.

71. DÉBRANCHER LE TÉLÉPHONE

Durée : variable
Matériel : un téléphone
Effet : ambigu

Vous aimez que vos amis vous appellent, que les vôtres puissent vous joindre, que vos clients vous sollicitent ou que vos collègues vous fassent signe. Nous sommes tous dans le même cas, à peu de chose près. Mais il nous arrive aussi d'être dérangé, puis excédé, par l'intrusion du téléphone, son irruption inopinée à n'importe quel moment, son interruption de n'importe quelle activité, sa dévastation de n'importe quelle conversation ou méditation.

Alors, il faut faire l'expérience de débrancher. Déconnectez le portable, ôtez les prises des murs, soyez certain que rien ne sonnera. Le temps qu'il faut. Gardez-vous d'utiliser trop vite ce calme assuré. Avant de vous précipiter sur un travail ou une sieste, au lieu de vous jeter sur un bricolage ou une chair fraîche, restez un moment à goûter le sentiment qu'engendre en vous le retranchement.

Parfois, une vraie satisfaction : enfin hors d'atteinte, enfin tranquille, enfin libre de poursuivre sans être interrompu. Quelquefois une inquiétude : et s'il y avait une urgence ? Une nouvelle vraiment grave ? Un accident ? Certaines fois, une culpabilité : des gens cherchent à appeler, ils ne pourront même pas laisser un message, simplement parce que je préfère mon confort à leurs exigences, est-ce bien légitime ?

Et puis, une certaine forme de révolte, l'intuition d'une rébellion minimale pour temps de connexion permanente. Il est devenu tellement normal d'être en ligne, tellement indispensable d'être branché que couper la ligne peut apparaître comme une exigence de départ, un premier pas hors contrôle, le risque élémentaire de la liberté zéro. C'est en même temps, vous le ressentez aussitôt, une régression à l'état sauvage, un comportement asocial, une cassante solitude. Et vous vous demandez quoi faire. Peut-être téléphoner à un centre de conseils spécialisé.

72. SOURIRE À N'IMPORTE QUI

Durée : infime
Matériel : aucun
Effet : complice

Dans la rue, dans les boutiques, au travail, au marché, au village comme en ville, en voyage ou dans votre pays, la plupart du temps, vous ne connaissez pas les gens que vous croisez. Souvent, surtout si vous habitez une grande ville, ou un lieu touristique, vous ne les avez jamais vus, vous ne les reverrez jamais. Vous pouvez avoir envie de ne rien manifester à ces inconnus. Vous avez même le droit le plus fondamental de choisir d'être revêche, mutique, indifférent ou glacial.

Expérimentez un sourire. Discret, retenu, distinct mais réservé, simplement bienveillant. Essayez. Quand votre regard croise celui d'une personne inconnue, quand vous êtes quelques instants côte à côte. Pas toujours facile. Trop appuyé, votre sourire peut paraître idiot ou équivoque.

Trop fin, il risque d'être imperceptible. Il s'agit de

trouver, variable selon les circonstances, selon les personnes, selon la vitesse de croisement, un sourire disant : « Faisons notre possible pour être à peu près supportables les uns envers les autres, et puisque je n'ai aucune raison de vous en vouloir ni de vous aimer, et d'ailleurs vous non plus, je vous souhaite une bonne journée », ou bien encore : « Partisan mansuétude. Stop », ou n'importe quoi de ce genre qui vous convienne.

Nulle raison d'attribuer à cette expérience une vertu particulière. L'idée vous viendra toutefois en la pratiquant que sa généralisation adoucirait les mœurs. À moins qu'elle n'accroisse l'hypocrisie. Ou les deux. À moins que l'adoucissement des mœurs ne soit pas nécessairement une bonne chose. À moins que plus d'hypocrisie ne soit souhaitable. Des questions qui font sourire.

73. ENTRER DANS L'ESPACE D'UN TABLEAU

Durée : indéfinissable
Matériel : un tableau
Effet : délocalisant

Dans l'ensemble, l'organisation spatiale du monde est dépourvue de surprise. Vous en possédez la carte. Qu'il s'agisse de localiser un objet ou d'évaluer sa distance, vous vous sentez à l'aise. Laissons de côté les cas limites, objets lointains et paradoxes intergalactiques. Dans la vie courante, dans votre environnement proche, la configuration de l'espace est régulière. Pas de chausse-trape, aucun piège possible.

Sauf si vous tombez dans certains tableaux. Personne ne saura vous dire lesquels, pour vous, provoqueront cet effet. C'est imprévisible. Il vous faut donc entamer l'expérience dans un musée de votre choix, sans savoir quelle sera l'issue. Votre regard commence par glisser sur des toiles lisses. Elles peuvent être intéressantes, émouvantes, habilement composées, maîtrisées, sublimes, elles demeurent toujours dans le même espace que le vôtre. Soudain, si vous avez de la chance, survient autre chose.

Vous êtes attiré, aspiré, appelé par une sorte de faille dans l'espace habituel. Cette faille appartient à un espace « impossible », une autre dimension, un creux dans la texture du monde. Il y a d'ailleurs de nombreux types d'espaces de ce genre où vous pouvez tomber. Les uns ressemblent à des cryptes, d'autres à des escaliers, à des sous-sols inversés, à des perspectives en spirale. D'autres sont comme striés de lignes infinies, ponctués de trous noirs. D'autres encore sont comme des cloches à melons, des citrouilles, des chats du Cheshire.

Surtout n'hésitez pas. Ne résistez pas à la première attirance. Laissez-vous happer, glisser, entraîner. Il n'y a aucune crainte à avoir : de ces espaces, on ne revient jamais. On continue donc à y demeurer, tout en persistant dans le nôtre. On se trouve alors, en permanence, dans plusieurs espaces. C'est pourquoi les arts intensifient l'existence.

74. SORTIR DU CINÉMA EN PLEIN JOUR

Durée : 90 minutes environ
Matériel : une salle de cinéma, la lumière du jour
Effet : décalant

Vous avez longtemps suivi l'héroïne, les combats, les retournements de situation. Vous avez vécu dans le noir sous d'autres cieux. Le cinéma vous a vidé de vos pensées de l'heure, empli de ses images. Il vous a lavé du temps et de sa continuité. Vous passez dans le couloir ou l'escalier qui mène au-dehors. Vous retrouvez d'abord, sous la lumière des lampes, une première frange du monde habituel. Ce n'est encore pourtant qu'un passage, une transition. Soudain, vous ouvrez la porte.

Dehors, il fait soleil. Vous l'aviez oublié. Totalement. Vous vous demandez comment c'est possible. Pas votre oubli, mais ce plein jour. Extérieur, soleil. Ce n'était pas dans le script. Il aurait dû faire nuit. Comme d'habitude, avec des passants raréfiés, des taxis furtifs et des vitrines closes. Mais non. Il fait très clair et ça fait un peu mal aux yeux. Il y a plein de gens qui se pressent sur le trottoir, qu'ont-ils donc fait pendant tout ce temps ? Ont-ils travaillé ? Couru ? Comment ont-ils fait pour exister ?

D'accord, ils ont dû se débrouiller comme d'habitude. Quand même. Leur persistance massive est quelque peu énigmatique, voire vaguement provocante. Quand vous êtes pris dans le même flot, que vous travaillez ou prenez le bus avec eux, vous ne vous en apercevez même pas. Vous savez bien qu'ils se débrouillent pour continuer à exister. Mais là, pendant que vous vous trouviez avec l'héroïne et les combats, vous ne savez pas comment ils y sont parvenus.

Ils ont continué leurs allées et venues. Leur temps se raccorde au précédent. Leurs gestes s'enchaînent les uns aux autres. Pas les vôtres. La durée, pour vous, s'est au contraire distendue. Elle a formé une grande poche où ont tenu l'histoire du film, les paysages, vos émotions, peut-être des vies entières. Assez vite, cette question s'estompe et finit par disparaître. Mais seulement par négligence ou par emportement. Elle n'est pas véritablement réglée.

75. PLONGER DANS L'EAU FROIDE

Durée : 1 heure et 20 secondes
Matériel : plage, soleil, mer
Effet : frontalier

Si votre santé le permet, commencez par rester un assez long temps en plein soleil. Une heure au moins, par une journée très chaude. Vous devez sentir votre peau cuire et même l'intérieur de votre corps commencer à tiédir. Optez plutôt pour un moment et un lieu où l'eau est particulièrement fraîche. Plus le contraste est vif entre la chaleur sur le sable et la fraîcheur de l'eau, plus l'expérience sera réussie.

Soudain courez dans l'eau. Ne vous arrêtez pas. Allongez-vous, sautez, plongez dans l'eau fraîche, nagez en apnée le temps que vous pouvez. Ces quelques secondes-là valent d'être explorées. L'explosion du frais n'est pas immédiatement perceptible. Les premiers dixièmes de seconde sont irisés de picotements multiples, d'étincelles en gerbe dans les contours du corps. Comme une effusion de chaud et froid, une chute libre, une césure effervescente.

Ensuite, une ou deux secondes après, vient le froid, le saisissement qui abasourdit, la nécessité de continuer à nager, sous l'eau, au plus profond, avant de remonter prendre une goulée d'air en retouchant l'éclat blanc du soleil.

Ceux à qui la prudence interdit ce jeu peuvent explorer par d'autres voies une sensation analogue : entrer brusquement dans une baignoire pleine d'eau tiède-froide, ou même, pour les plus fragiles ou les plus timorés, se tremper un pied dans une cuvette d'eau glacée. Chaque fois, l'intéressant, c'est la stupeur du contraste, le fait de se retrouver comme en porte-à-faux de soi-même. Des sensations décalées, déphasées, trop distantes les unes des autres, trop distinctes, ne paraissent pas pouvoir être intégrées d'emblée dans la continuité supposée du moi. Leur disparité semble les empêcher d'être tenues ensemble dans la même suite. En se succédant trop vite, elles laissent le moi comme une tortue sur le dos.

76. CHERCHER DES PAYSAGES IMMUABLES

Durée : interminable
Matériel : la Terre
Effet : pérennisant

Ce n'est pas exactement de la nostalgie. Une certaine tendresse peut-être, une forme de curiosité plutôt mélancolique. Elle pousse à se demander où trouver des paysages semblables aujourd'hui encore à ce qu'ils étaient il y a quelques dizaines de milliers d'années. Existe-t-il des lieux qui n'ont pas du tout changé ? Sans trace de modification humaine ?

Quelle forêt est demeurée la même ? Quelle contrée, campagne, colline peut offrir encore un visage immobile ? Quelle montagne, même ? Vous commencez à chercher. Vous tentez quelques approches. Des approximations, des tâtonnements. Mais toujours un doute. L'agriculture n'a-t-elle pas tout modifié ? L'érosion tout transformé ? Vous imaginez que tel panorama, *grosso modo*, est demeuré identique à ce que pouvait voir un homme de l'âge de pierre. Mais vous n'en êtes jamais tout à fait sûr. Vous voilà désappointé.

La solution, pourtant, n'est pas compliquée. Allez en mer, jusqu'au moment où vous ne voyez plus la côte. Voilà rien n'a changé. L'identique étendue d'eau demeure. À travers les siècles des siècles. Ce que vous voyez, les ptérodactyles ont pu le contempler. Et cela représente encore et toujours près des deux tiers du globe. Autrement dit, la plus grande partie de la Terre est demeurée inchangée. À côté des dévastations, des bouleversements, des humanisations, la majeure partie de la planète a conservé pratiquement la même apparence, humide et bleue, à perte de vue.

Tirez de ce constat ce que vous voudrez : un sujet d'étonnement, un objet de controverse, une évidence rassurante ou une amère désillusion. L'écume perdure.

77. ÉCOUTER SA VOIX ENREGISTRÉE

Durée : quelques minutes
Matériel : un enregistrement où s'entend votre voix
Effet : déplaçant

On est toujours étonné. « C'est moi, ça ? » Votre propre voix vous paraît trop haute ou trop grave, trop lente ou trop rapide, mal posée, mal placée, décalée, inattendue. Vous ne reconnaissez d'abord ni son timbre ni son débit. L'enregistrement restitue pourtant correctement la voix des autres. Pas la vôtre.

Ces mots et phrases, vous savez que c'est bien vous qui les avez prononcés. D'ailleurs, vous identifiez sans hésiter votre parole, mais comme de biais, de profil, sous un angle curieux. Vous et non-vous. Vous tombez dans une faille, un vide qui s'est ouvert soudain. Vous vous connaissez « du dedans ». Vous vous percevez comme « du dehors ». Les professionnels sont habitués. Gens de radio et d'enregistrement connaissent leur voix du dehors comme du dedans. Ils travaillent avec et dans cette matière. Accoutumés à s'entendre, ils ne connaissent plus la surprise et le malaise que suscitent, banalement, les premières écoutes de sa propre voix telle que les autres l'entendent.

Jamais aucun humain, dans le monde d'autrefois, ne pouvait entendre sa voix comme les autres l'entendaient. Pas plus que voir son image comme les autres la voyaient. Ce décentrement, les machines l'ont rendu possible. Ce n'est pas une sortie de soi. Il confirme, outils à l'appui, que notre intimité est ignorance. La technique aide la philosophie. Elle conduit à se demander quelle apparence retenir : celle qui nous livre, du dedans, une image de nous-même ou bien celle qui semble objective et s'enregistre ? La même question vaut pour le visage, les pensées, pour l'ensemble de nos comportements. Elle demeure indéfiniment sans réponse. Ça étonne toujours.

78. DIRE À UNE INCONNUE QU'ELLE EST BELLE

Durée : moins de 1 minute
Matériel : aucun
Effet : feu d'artifice

Vous ne l'avez jamais vue. Seul le hasard de l'heure fait que vous la voyez aujourd'hui, au restaurant. Ou dans le train, ou au café, ou traversant la rue. Elle est rayonnante, vivante, parfaite. Sa seule présence est rassurante. Dans quelques minutes ou quelques secondes, elle disparaîtra. Vous ne la reverrez plus jamais. Ça n'a aucune importance. Vous débordez de gratitude pour son passage bref. Vous avez envie de la remercier d'exister, de lui dire qu'elle est belle et que cette beauté réjouit le cœur.

Ça ne se fait pas. Vous risquez toutes sortes de malentendus. Seule, elle va croire que vous voulez simplement la draguer (votre gratitude, pourtant, est désintéressée). Si elle est accompagnée, vous serez dans le mauvais rôle du provocateur obscène, du type à claquer.

Faites l'expérience d'oser. Malgré tout. Question

de style et de sincérité. Vous avez plus à gagner qu'à perdre. Gagner quoi au juste ? Le plaisir de dire. On ne peut remercier, pour la joie que leur contemplation procure, un paysage, un ciel, une roche, une fleur ou un oiseau. Ils ne peuvent rien savoir du mouvement de reconnaissance qui en résulte. Il en va autrement de la présence humaine.

Pour la suite, vous verrez vous-même. Une majorité de haussements d'épaules pourrait toutefois révéler une déplorable détérioration du lien social.

79. CROIRE EN L'EXISTENCE D'UNE ODEUR

Durée : entre epsilon et infini
Matériel : aucun
Effet : canin

Vous pensez avoir senti quelque chose. Une odeur assez douce. Comme un parfum diffus, que vous ne reconnaissez pas d'emblée. Une bouffée fleurie, un fond de printemps, un souvenir d'encens peut-être, ou une chevelure de jeunesse. Ne cherchez pas à identifier. Gardez la trace. Entrez dans l'odeur, même légère, même ténue ou évanescente. Amplifiez, nourrissez, étendez, soutenez, laissez se déployer le monde qui est contenu là.

Cette odeur correspond-elle à une réalité ? Avez-vous seulement imaginé son existence ? Aucune importance. Vous pouvez toujours accorder votre confiance à une odeur qui passe, l'accueillir et la développer, sans demander si elle est vraie ou fausse, bonne ou mauvaise. Souhaitez la bienvenue aux odeurs d'un pays, d'une maison, d'une personne, d'une situation, aux odeurs de peur, d'amour, de mort, d'enfance, d'école, de travail, de cuisine, de marché, de toutes sortes. Vous constaterez que cet univers très négligé, considéré souvent comme à peine digne d'exister, à peine digne d'attention, est à mi-chemin de l'imaginaire et du réel. Ici, ils se distinguent mal, échangent leurs places ou même se tissent l'un à l'autre. Le royaume des odeurs est un lieu intermédiaire entre les songes et la veille, le sensible et l'illusoire.

Des questions inhabituelles y trouvent naissance, dont disputent des experts incapables de s'accorder. Par exemple : l'odeur de l'eau change-t-elle selon la température ? Est-il possible de sentir l'odeur de l'odeur ? L'essence de santal (par exemple) a-t-elle une odeur comparable à l'existence de santal (et ainsi de suite) ? Y a-t-il ou non une odeur du monde ? Et encore : les anosmiques (personnes dépourvues d'odorat) sont-ils athées ? Doivent-ils avoir le même statut social que les aveugles ou les sourds-muets ? Continuez.

80. S'ÉVEILLER SANS SAVOIR OÙ

Durée : 5 secondes
Matériel : une chambre ailleurs
Effet : cosmopolite

Une assez grande fatigue est nécessaire. Ou bien de fréquents déplacements, une existence perturbée. Vous dormez, et soudain un bruit, une lumière, ou simplement la sonnerie du réveil vous tire de là. Vous savez que vous n'êtes pas chez vous, mais, pendant un bref laps de temps, vous ignorez où vous êtes. Cinq secondes font un bon laps. Ensuite, vous avez retrouvé, vous voyez, vous savez : quelle ville, quelle maison, pourquoi. L'expérience consiste à explorer ce moment de flottement entre votre premier éveil et vos marques retrouvées.

C'est un temps très intéressant, en dépit de sa brièveté. Vous vous sentez en effet sans attaches. En apesanteur. Pas forcément inquiet, ni même préoccupé, mais dans le blanc, la lumière pure. Comme dans les livres, vous pouvez dire : « Où suis-je ? » Vous n'avez en fait aucun doute sur la présence du monde, sur la vôtre, et sur la continuité de l'existence. Vous ignorez, pour un infime instant encore, comment se nomme cet endroit, où il se trouve, et même pourquoi vous y êtes. Mais vous ne doutez pas un instant être quelque part ni le savoir bientôt.

Cela donne à ce court épisode la légèreté délicieuse d'un mystère sans danger. L'interrogation est réelle, mais elle sera vite résolue. Malgré tout, votre ignorance n'est pas feinte : vous ne savez effectivement pas où vous vous êtes réveillé. En même temps, vous ressentez l'assurance sans égale d'un savoir du monde : vous êtes quelque part, c'est hors de doute, et dans un quart d'instant vous allez savoir à quel endroit, ah ! tiens, oui, c'est donc ça. Essayez de ne pas laisser échapper ce rare moment de parfait suspens entre le doute et l'assurance, la certitude et l'ignorance, l'inquiétude et la satisfaction.

81. DESCENDRE UN ESCALIER SANS FIN

Durée : quelques minutes
Matériel : un escalier de 8 à 20 étages
Effet : introspectif

Pendant deux ou trois étages, vous commencez seulement à prendre le rythme. Veillez à installer dès que possible la régularité de votre pas, le mouvement de vos jambes, la place de votre souffle, et continuez sans y penser. Tout doit vite devenir machinal, jusqu'au léger tournis qui vous indiquera que vous y êtes. Poursuivez.

Pensez que vous n'arrêterez jamais plus de descendre ainsi. Le mouvement en spirale se poursuivra indéfiniment. Pas de fond : ni enfer ni pure matière, aucune désagrégation, pas de mort. Rien qu'une descente régulière, interminable. À perte de vue. Ce sera sans arrêt. Vous pouvez à mesure agrémenter la descente de variations diverses. Imaginez par exemple la traversée de zones de couleur. Inventez des étages gelés et d'autres torrides, des obscurs et des lumineux, de longs passages surpeuplés et des désertiques, des régions de l'escalier plus ou moins bien entretenues, des populations locales, des musiques folkloriques, des coutumes alimentaires, des peintures rupestres. Vous ne pourrez toutefois jamais modifier le fait qu'il n'existe aucun terme à votre descente.

Alors l'esprit de l'escalier vous soufflera deux oraisons funèbres que vous composerez de tête, avec des accents chaleureux : celle de l'inventeur du rez-de-chaussée, celle du marchand d'ascenseurs.

82. RÉSORBER UNE ÉMOTION

Durée : variable
Matériel : aucun
Effet : rassérénant

Nous avons oublié que l'idéal fut longtemps, pour les meilleurs d'entre les hommes, de se défaire de leurs émotions. Parvenir à se débarrasser de ce fatras, larguer ces embarras, éteindre ce mauvais feu, c'étaient là des tâches nobles. Dans cet oubli, il est vrai que le romantisme ne nous a guère aidés. Il a transformé les émotions en grandes aventures. Il en a fait les indices d'un destin. Sous son influence, elles sont devenues glorieuses, parfois grandioses. En tout cas enviables. Les classiques, héritiers de l'Antiquité, avaient tout fait pour les garder en lisière. Les émotions demeuraient un trouble à bannir.

Regardez ce que fut, dans l'Antiquité, l'idéal du Sage. Si le Sage est heureux et admirable, c'est qu'il a su échapper au règne des émotions. Il vit hors de leur emprise. Il les ignore, devenu comme imperméable à leur existence. Le Sage ne s'émeut pas.

Vous ne serez jamais sage, sans doute. Tentez au moins l'expérience de résorber une émotion. Quand elle surgit, ne vous y installez pas. Considérez-la comme une boursouflure, un phlegmon, un gonflement temporaire et faites en sorte qu'elle s'aplatisse. Tentez de la regarder du dehors, de la trouver à la fois risible et désagréable. N'entrez pas dans l'émotion. Si vous y êtes, amorcez la sortie. Appuyez pour l'aplatir. Mais ne vous fixez pas même sur cette tâche. Laissez passer.

C'est parfois très difficile, évidemment. Si une inquiétude vous tourmente, si une angoisse vous submerge, si une joie vous transporte, les résorber vite et bien est aux limites du possible. Mais ce n'est pas exclu. L'essentiel est de savoir quel idéal on vise. Soit une vie sans tristesse ni affolement, sans panique ni enthousiasme, une existence dépourvue de tempêtes. Soit au contraire une vie de contrastes, implosions et explosions, terreurs et extases, pleurs et rires. Tentez d'expérimenter un avant-goût de l'une et de l'autre. Ou bien, si vous pouvez, inventez autre chose. L'humanité vous en serait bien reconnaissante.

83. IMMOBILISER L'ÉPHÉMÈRE

Durée : arrêtée
Matériel : un système d'enregistrement
Effet : contemplatif

Naguère, les détails fugitifs se perdaient à jamais. Un geste de la main, un regard de biais, une esquisse de sourire, une inflexion de voix, une certaine lumière, tout sombrait, avec mille autres réalités infimes à chaque seconde, dans l'océan effacé dont nulle trace n'existe pour personne.

Nous avons inventé les machines à détails. Elles capturent les instants. Fixent le moindre grain. Conservent les sons et les profils. Il n'y a pas si longtemps qu'elles sont apparues. Nous nous y sommes habitués si vite que nous négligeons à présent leur existence et leur puissance. Ou presque.

L'expérience consiste à reprendre conscience du pouvoir de ces techniques. Nous le faisons tous les jours sans y penser : écouter la radio ou des disques, regarder la télévision ou des vidéos, photographier, enregistrer des voix, de la musique, des images, etc. Il s'agit cette fois de songer à la manière très singulière dont ces machines soustraient à la marche du temps des bribes d'éphémère.

Une touche effleurée par Scott Joplin en 1902, juste un mouvement de cils de Louise Brooks en 1934, une botte qui retombe sur un pavé des Champs-Élysées en 1940, l'arrivée confuse d'un train à Calcutta hier encore... entourés de milliards d'instants captés vivants, de gestes saisis par la photo ou le film, de musiques en boîte. Essayez donc de réfléchir à cela quand vous regardez une photo ou écoutez un disque. Et lorsque vous-même enregistrez une bribe de vie, dites-vous que vous ôtez du temps un minuscule éclat d'existence. Rêvez à ce sablier paradoxal qui fait fuir vers une sorte d'éternité la poussière des heures. D'instant en instant, ce qui aurait pu disparaître pour toujours devient disponible pour être rejoué à l'infini. Le fugitif et l'éphémère sont en écoulement permanent vers l'éternel.

Demandez-vous comment tout cela finira.

La réponse ne compte pas.

84. AMÉNAGER UNE PIÈCE

Durée : intermittente
Matériel : des pièces
Effet : ajustant

Moquette et papier peint, carrelage et peinture, circuits électriques, faisceaux lumineux, portes et fenêtres, rideaux et coussins, meubles, plantes... Il faut ajuster les places, les coloris, les styles. Ce qui est intéressant, c'est qu'on ne sache pas comment faire. Apprenez à écouter ce que dit la pièce. Chaque lieu appelle telle forme ou tel aménagement. On ne peut en avoir une connaissance globale, ni rationnelle. Comme si en chaque endroit l'esprit du lieu parlait sa langue, que vous devrez apprendre par vos propres moyens. Il faut donc se laisser imprégner par les caractères de cet endroit : volume, lumières, surfaces, matières, grain. Et puis tâtonner.

Jamais un bon aménagement ne jaillit tout prêt d'une intuition première. Il faut apprendre les approximations, le pas à pas, les essais et erreurs. Savoir se taire et oublier, redécouvrir, agir sous les mots et les représentations. Pas du tout de manière théorique et abstraite. Vous posez une couleur, et les autres, alentour, se transforment. Vous installez un meuble, les volumes changent, parfois les couleurs aussi, et les lumières. Tout se répond tout le temps. C'est pourquoi vous ne devez jamais vous tromper, alors que vous ne connaissez pas la marche précise à suivre.

L'expérience obéit donc à des règles chaque fois différentes. Vous devez à la fois laisser faire et agir. C'est bien vous qui œuvrez, mais ce sera réussi si vous n'imposez rien. D'un autre côté, les conséquences de cette relative passivité dépendront de ce que vous êtes. Ce que dicte le lieu, ce qu'il exige à mesure, n'est évidemment pas identique d'un individu à un autre : si le lieu guide, c'est bien vous qu'il conduit, et non quelqu'un d'autre. Ce n'est donc pas seulement la pièce que vous aménagez progressivement, c'est vous aussi.

Cette expérience enseigne à mesure que vous êtes partie prenante du décor. Pas du tout comme un auteur, un concepteur, une volonté extérieure qui aurait décidé des apparences. Vous devenez un des éléments de la pièce, et elle, elle devient un des éléments de ce que vous êtes. Si quelqu'un vous dit « c'est joli chez toi », vous pourrez n'y voir qu'une formule idiote, ou penser que les effets de vérité sont des processus.

85. RIRE D'UNE IDÉE

Durée : imprévisible
Matériel : des idées
Effet : encourageant

Des idées peuvent-elles faire rire ? Un sourire complice, un signe d'amusement ? Pas seulement. Un bon vrai rire vif, à pleins poumons, gorge déployée. Il semble que ce soit parfois le cas. Le rire n'est pas discret. Il ne saurait être véritablement poli ni de bon goût. Proprement humain, il est animal et incontrôlé, inconvenant.

Si vous voulez faire l'expérience de rire d'une idée, c'est chez les philosophes que vous devrez aller. Vous trouverez chez eux d'innombrables notions, insolites, bizarres, étrangement fagotées, contournées, controuvées, contrefaites, difformes, grotesques, centriques, aberrantes, éberluantes, sidérantes, insolites, bouffonnes, atterrantes, affolantes. Vous les verrez penser de travers, ou de côté, ou de biais, de profil, en équilibre, en l'air, en arrière, les yeux fermés, sans les mains. Ces acrobaties et ces tours de magie, vous en verrez peu chez les petits, les graves, les tâcherons. Il faut aller les chercher chez les grands, les vrais, les authentiques. Les génies font rire, évidemment. Ce qu'ils inventent en effet, ce sont des raretés conceptuelles, des notions dont on ne sait que faire à la première rencontre, des machines à bousculer les évidences, des pensées dont on se dit d'abord qu'elles sont impensables.

Peut-être allez-vous hésiter, au début, à vous esclaffer à propos du vrai, du bien, du beau. Commencez donc par les étrangetés. Cherchez-les dans les recoins. Par exemple : ce que Platon dit des chiens, Aristote de l'érection, Spinoza du chatouillis, Pascal de l'éternuement, Kant des fourmis du Congo. C'est une manière de s'acclimater, mais le jeu est encore trop facile. Il laisse en effet intacte la croyance en une répartition pertinente mettant les curiosités d'un côté et les vraies questions, bonnes et légitimes, de l'autre. Vous devriez au contraire parvenir à rire chez Platon de l'idée du Bien, chez Aristote du Premier Moteur, chez Spinoza de la Nature, chez Pascal du Dieu d'Abraham et chez Kant de la loi morale. Par exemple.

Pour y parvenir, il ne faut pas seulement du temps, certaines lectures, un peu de patience. Avant tout, il convient d'abandonner la fâcheuse habitude de séparer l'important et le risible, le sérieux respectable au visage grave et le grotesque bouffon déchaînant l'hilarité. L'essentiel est risible. Vous tenterez donc de vous défaire de la conviction que rire des plus grandes idées serait une manière de les mépriser.

La meilleure façon de respecter les idées, c'est le rire. Expliquez, commentez.

86. DISPARAÎTRE À LA TERRASSE D'UN CAFÉ

Durée : 30 à 40 minutes
Matériel : café, terrasse
Effet : diaphane

Mieux vaut qu'il y ait du monde. Beaucoup, presque trop. Vous trouvez enfin une place, une petite table au fond. Commandez, attendez que le garçon vous ait servi, proposez-lui de payer aussitôt. Qu'il joue au garçon de café ou non n'a aucune importance. Dans trois secondes, vous allez disparaître.

Vous ne ressentez aucun inconvénient particulier. Rien ne s'est sensiblement modifié dans vos perceptions. Mais, depuis que le garçon vous a rendu la monnaie, vous êtes devenu transparent. Plus personne ne vous voit. Autour de vous, les gens se parlent, mais aucun ne vous adresse la parole. Les regards vous traversent, ne butent sur rien. Personne ne s'assied sur votre chaise, mais c'est un pur hasard. Vous voilà absent, dissous, impalpable. Soudainement néantisé. Votre existence demeure évidente pour vous-même. Elle est devenue imperceptible aux autres.

Vous pouvez sortir de cette situation critique en recourant à l'expédient favori de l'homme invisible : renverser sur vous quelque chose qui tache. Mais c'est sans garantie. D'autant que la même chose peut vous arriver dans le métro, au spectacle, n'importe où, sans que vous puissiez recourir à cet artifice. Somme toute, il y a toujours un doute. Vous n'êtes jamais totalement assuré que, vue du dehors, votre existence présente une continuité. Il existe effectivement des indices, nombreux et concordants, permettant d'affirmer que les autres vous voient, vous parlent et dans l'ensemble ne vous confondent pas. Mais rien ne montre qu'il en soit ainsi toujours. Au contraire, dans d'assez nombreuses circonstances, vous pouvez constater votre propre absence dans leur regard et leurs comportements. Alors, il suffit en général de se mettre à parler, de poser une question, de se manifester d'une manière quelconque pour dissiper tout soupçon. Ça ne marche pas dans tous les cas. Il reste un certain nombre de situations où rien ne vous convainc de n'avoir pas disparu.

Considérant ces moments, la question est de savoir si la situation vous inquiète ou vous rassure.

87. RAMER SUR UN LAC CHEZ SOI

Durée : 1 heure environ
Matériel : rameur ou barque
Effet : symétrique

Il vous arrive de ramer, chez vous, sur un appareil de gymnastique, ou bien en barque, sur un lac. Le saviez-vous ? ramer est une activité philosophique. Plusieurs motifs permettent de l'affirmer. On tiendra pour négligeable le fait que l'expression désigne familièrement un effort pénible et sans résultat direct (« j'ai beaucoup ramé avant d'y arriver »). En revanche, on prêtera attention au fait de se déplacer de façon ingénieuse sur un élément qui n'est pas le nôtre. On notera aussi qu'il s'agit de n'explorer que les surfaces, les plans apparents, sans avoir accès à ce qui se tient en dessous, de l'autre côté du regard. Mais ce n'est pas encore le trait déterminant.

Ce qui rapproche le plus la philosophie des promenades en barque, c'est le fait que, dans les deux cas, le mouvement est continu et que sa régularité est produite par une succession, nécessairement fragmentée, d'efforts répétés. Chaque coup de rame est indépendant des autres, il donne à la barque une impulsion unique, il procède par saccades. Et pourtant, quand le rameur enchaîne de manière fluide ces poussées successives, la barque avance de manière continue et régulière, sans saccades. Sans doute est-ce là une représentation possible de la philosophie : des poussées chacune singulière, discontinue, dont l'ensemble engendre finalement une trajectoire uniforme, sans à-coups. Clé du processus : un usage judicieux de la force d'inertie, de la glisse et du souffle.

Règle essentielle, quand on rame : le respect de la symétrie. Le moindre déséquilibre, trop de force à droite, moins à gauche, ou l'inverse, et la trajectoire se modifie, l'esquif tangue, le dos se tord, rien ne va plus. Vous devrez donc tenir la symétrie et ne pas la briser. Vous devrez même tenter de l'étendre à vos représentations. Ainsi, la prochaine fois que vous vous exercerez sur le rameur dans votre chambre, imaginez-vous sur un lac, voyez la couleur de l'eau, respectez le rythme et la symétrie. Et la prochaine fois que vous serez en barque sur le lac, contemplez autour de vous les meubles de votre chambre, tout en respectant le rythme et la symétrie.

Quand vous aurez assez rapproché l'une de l'autre ces deux façons de ramer, au point que la pratique de l'une évoque l'autre, demandez-vous quel rapport cela peut avoir à la philosophie. Continuez tant que vous ne l'aurez pas aperçu avec clarté.

88. RÔDER LA NUIT

Durée : 2 ou 3 heures
Matériel : ville, nuit
Effet : nomadisant

Beaucoup de gens pensent que la nuit ne se définit que par l'absence de lumière solaire. Cette conception n'est pas seulement simpliste, elle est fausse. La nuit substitue une nouvelle planète à celle que nous connaissons le jour. Ni les codes ni les gestes ne sont les mêmes. Les pensées sont différentes. Et il n'est pas certain que les individus eux-mêmes restent identiques.

Sans doute est-ce dans les villes que cette mutation est la plus visible. Une population spécifique habite la nuit. Elle est peu nombreuse, raréfiée, dispersée. La nuit est d'abord un espace, sans commune mesure avec celui du jour. On y rôde. Cela signifie qu'on s'y déplace sans but explicite, sauf la recherche éventuelle d'une proie, elle-même difficile à définir. Les rues sont presque désertes. Il est possible d'avancer, de percevoir la configuration de la ville. Que l'on soit à pied ou en voiture, la nuit offre la ville ouverte, et l'envie de la parcourir interminablement.

Faites l'expérience de prendre votre voiture, ou votre courage à deux mains, et de partir droit devant, pour un large pan de nuit, sans savoir où vous allez. Vous découvrirez toujours quelque chose de nouveau, même si vous devenez coutumier du fait. Un néon, un quartier, une bagarre, une détresse, un spectacle, une orgie prévisible, un passage à vide, une fête de hasard. Vous expérimenterez surtout qu'il existe de multiples nuits, réparties par secteurs de l'espace ou par phases du temps. Et vous souhaiterez peut-être que la nuit ne connaisse jamais d'arrêt. Vous verrez l'aube comme une défaite. Vous vivrez dans l'attente du crépuscule. La fin du jour annoncera le retour d'une promesse.

Vous vous interrogerez sur la véracité de cette définition : « On appelle philosophes des Lumières ceux qui sont attirés, dans l'obscurité, par tout ce qui brille. » Vous vous demanderez quel rapport elle peut entretenir avec le fait qu'en grec ancien le pluriel de *psuchè*, qui signifie l'âme, s'emploie pour désigner les papillons.

89. S'ATTACHER À UN OBJET

Durée : plusieurs années au moins
Matériel : un objet quelconque
Effet : consolidant

Ce n'est pas sa beauté ni sa valeur qui compte. Ce peut être un objet banal. À peine décoratif, à peine utile. Presque pas intéressant. Vous l'avez gardé par négligence, un peu par hasard, comme s'il s'était planqué dans un coin de placard. Ou bien parce que l'un des vôtres vous l'a donné. Un de vos enfants, un de vos parents. Ou quelque amour déjà passé. À moins que ce ne soit le souvenir d'un voyage, le signe d'un épisode, le témoin de quelque part. Au début, vous n'y avez pas prêté grande attention. Ce n'était pas un objet que vous aimiez. Vous ne saviez peut-être même plus très bien d'où il venait, à quoi ou à qui il était rattaché.

Et puis cette chose de seconde zone a traversé les ans. Elle a fait partie, sans que vous l'ayez jamais réellement décidé, des objets qui ne furent ni jetés, ni vendus, ni donnés. Elle vous a suivi, de lieu en lieu, dans des pérégrinations plus ou moins compliquées. Son histoire, un jour, vous est revenue. Vous avez su à qui, à quoi elle était liée, et vous ne l'avez plus oublié. Une certaine tendresse de l'accoutumance s'est superposée à la chose de départ. Vous avez éprouvé envers cet objet une sorte de reconnaissance pour le seul fait d'avoir persisté.

À présent, même si vous n'êtes guère fétichiste ou superstitieux, c'est une des choses qui vous tiennent à cœur. Vous seriez fâché de la voir cassée, triste de la perdre. Vous entretenez avec cet objet une relation affectueuse, durable, finalement rassurante. Un jour peut-être où vous serez très faible, malade, mourant, vieilli, un jour simplement où vous aurez le sentiment que tout se décroche et s'effondre, que vous glissez sans recours dans un trou sans fond, il vous arrivera de prendre en main cet ancien objet et de vous y accrocher comme à la seule chose qui tienne encore, qui vous permette de ne pas sombrer tout entier. Qui sait ?

90. FAIRE L'ÉLOGE DU PÈRE NOËL

Durée : 10 minutes environ
Matériel : un auditoire
Effet : revitalisant

Cesser de croire au Père Noël passe pour un signe de maturité. Fini le temps où l'on était crédule, où l'on se laissait mystifier, ce temps faible où l'on pouvait vous raconter n'importe quoi. Depuis bien longtemps, vous en êtes sorti. Vous voilà fort, adulte, plutôt méfiant, désabusé, mais assuré au moins de ne pas vous faire berner !

Êtes-vous si sûr ? Est-ce donc si simple ? Croyez-vous que vous y avez seulement gagné ? Plus autonome sans doute, plus raisonnable peut-être. Mais aussi moins rêveur, pourvu de moins d'espérances, muni de moins d'horizon. Le Père Noël, et tout ce qui va avec, vous permettait de conserver quelques bribes d'un monde enchanté. Sa grosse bonté rougeaude, sa magie bourrue, ça sentait bon la soupe et le parfum des fées. Paradis et paillettes, arrière-monde facile et rassurant. Il est tentant de vouloir s'en passer, fièrement lucide. Ce n'est peut-être pas totalement possible.

Le Père Noël revient toujours, sous des formes moins bonhommes, prétendument mieux articulées, d'apparence moins naïves. On continue de rêver. Mais cette fois au nom de la science, ou de la révolution, ou de la réussite. On rêve donc en croyant ne plus rêver. Mieux vaut, peut-être, l'homme en rouge et son traîneau de rennes.

Faites donc l'expérience de prononcer son éloge en public. Devant des amis, ou des gens que vous ne connaissez pas. Dites qu'il est dommage que le Père Noël ne soit pas mieux défendu, que vous espérez qu'il existe vraiment, que vous souhaiteriez d'ailleurs une grande enquête internationale, avec une commission d'experts objective, parce qu'il y a quand même, il faut bien le dire, des faits troublants.

Rappelez que le Père Noël est un bienfaiteur de l'humanité, qu'il apporte depuis des années et des années des jouets et des rêves à des dizaines de millions d'enfants. Soulignez que son règne est récent, qu'il est encore fragile. En 1951, à Dijon, des catholiques le firent brûler en effigie, au motif que ce brave héros menaçait de perturber les âmes que seule la naissance du Christ, à ce moment de l'année, devait préoccuper.

Mettez-y assez de chaleur, de conviction et de ferveur. Peu importe ce que vous en pensez. Soyez aussi convaincant que possible. L'objectif de cette expérience n'est pas d'influencer qui que ce soit. Il vous suffira d'observer que les réactions, face à cet éloge du Père Noël, se répartissent immanquablement en deux camps. Les uns haussent les épaules, vous trouvent stupide ou bêtement provocateur, refusent de vous suivre. Les autres entrent dans le jeu, suggèrent un comité de défense, s'engagent à faire ramoner leur cheminée. Tout n'est pas perdu.

91. JOUER AVEC UN ENFANT

Durée : 30 à 40 minutes
Matériel : divers
Effet : désorganisant

Le plus frappant, c'est avec un enfant qui vraiment ne parle pas, ou fort peu. Entre un et deux ans, par exemple. Moins de trois, en tout cas. Choisissez un jeu qu'il connaît bien, qu'il maîtrise, où il se sent chez lui, à l'aise, et laissez faire. Vous avez simplement à suivre, à entrer dans le jeu. À sa façon, non à la vôtre. Acceptez les répétitions sans fin, les règles aberrantes, les temps d'attente, les moments d'excitation dont les causes vous échappent. L'expérience consiste d'abord à entrer dans ce monde-du-jeu-enfant en laissant de côté, autant que faire se peut, votre univers-normal-adulte.

Avec plus ou moins d'efforts, plus ou moins d'application, de souplesse ou de raideur selon les cas, vous allez devenir un élément du monde-du-jeu-enfant. Sans doute n'y arriverez-vous qu'en partie. C'est inévitable. Il ne s'agit d'ailleurs pas de devenir totalement passif, mais de vous faire, si déroutant que cela soit par instant, partenaire effectif de ce monde.

Constatez ensuite les effets de cette plongée sur votre retour dans le monde normal. Vous voilà au cœur de l'expérience. Si vous avez été assez consciencieux, si vous avez abandonné assez loin, et assez longtemps, la continuité de vos propres pensées (incompatibles avec le monde-du-jeu-enfant), il y a de fortes chances pour que vous ne puissiez la retrouver d'un coup. L'intéressant, si vous parvenez à l'éprouver, est justement ce moment de perte, ce temps d'égarement, ce tâtonnement pour retrouver vos marques.

Comme si entrer dans le monde-du-jeu-enfant, même pour un moment assez bref et imparfait, vous laissait si déstructuré qu'un travail de rattrapage se révélait nécessaire. Cette reconstruction peut prendre un certain temps. Vous ne retrouverez peut-être pas tout de suite ce que vous deviez faire, ce qui vous préoccupe ou vous réjouit. Vous avez été désorganisé de l'intérieur, et la remise en place nécessite un type d'effort dont vous n'êtes pas capable d'emblée.

Vous pourrez méditer, à partir de cette expérience, sur le territoire étroit, somme toute fragile, que vous considérez comme votre état mental « normal ».

92. RENCONTRER LE HASARD PUR

Durée : 2 secondes
Matériel : casino ou équivalent
Effet : aventureux

Vous venez de miser de l'argent. Le jeu est de pur hasard. Aucune compétence requise, aucune intervention possible. Il est souhaitable que vous ne soyez pas indifférent au résultat. Le gain éventuel doit être important, susceptible, si vous l'emportiez, de modifier votre existence notablement. Vous pouvez donc vous dire, avec une acceptable vraisemblance, que le cours de votre existence se trouve en jeu. Ce que vous serez demain dépend, dans une assez large mesure, d'éléments qui désormais vous échappent totalement : le parcours d'une boule sur une roulette, l'apparition d'une carte sur un tapis vert, ou l'alignement de quelques dessins sur l'écran d'une machine.

Ce qu'il faut alors expérimenter, c'est qu'une situation de ce genre est absolument dénuée de signification. Il est sûr que vous allez gagner ou perdre. Les probabilités pour que vous perdiez sont bien plus grandes. Vos chances de gagner ne sont pas nulles. Les unes et les autres sont calculables. Mais aucune n'est pourvue d'un sens. C'est le plus difficile à saisir.

Vous allez demeurer le même, d'un point de vue financier, ou au contraire accéder à la richesse. Mais ces avenirs divergents dépendent seulement d'un hasard pur, sans signification ni intention. L'issue n'a rien à voir avec vos mérites ou vos démérites. Vous êtes livré à l'aléa, exposé à un arbitraire anonyme et sans finalité. C'est de manière superbement étrangère à toute forme de justice que vous serez, dans une seconde, perdant ou gagnant.

Il est inévitable que vous tentiez de combler ce vide par toutes sortes d'explications, de suppliques, d'espoirs, de supputations, de bouts de pensée magique de toutes natures. Une grande force d'âme est requise pour accepter un instant, de manière crue et nue, que notre vie soit suspendue à de l'insensé. Sans doute, si nous étions grands, faudrait-il en être capable tout le temps.

93. SE METTRE À GENOUX POUR RÉCITER L'ANNUAIRE

Durée : 15 minutes exactement
Matériel : un annuaire, de préférence ancien
Effet : respectueux

Ceux qui aiment les formes fixes n'ont pas cessé de le répéter : faites les gestes, la croyance viendra. Mettez-vous à genoux, récitez comme il faut, la foi finira bien par suivre. Quoique très offensante pour ceux qu'anime une conviction vraie, cette opinion n'est sans doute pas dénuée de fondement. Il est possible de s'en rendre compte au moyen de l'expérience suivante.

Réservez pendant quelques jours quinze minutes dans votre emploi du temps, toujours à la même heure. Au cours de ce quart d'heure, lisez à voix haute un nombre toujours identique de pages de l'annuaire du téléphone. Vous articulerez intelligiblement, ligne après ligne, les noms, prénoms, adresses et numéros. Vous aurez pris soin de chercher un annuaire plutôt ancien. Ce n'est pas indispensable. Mais il n'est pas mauvais que cette lecture puisse sembler aussi dépourvue que possible de toute utilité et rattachée à un texte déjà vénérable, transmis au fil du temps.

Ne cherchez pas pour autant comment affubler d'un sens votre récitation. Écartez l'idée que vous implorez l'esprit des centraux pour les abonnés défunts, ou que vous entretenez par votre prière la grande interconnexion universelle. Non. Vous lisez tous les jours à genoux, pendant quinze minutes, des pages de l'annuaire du téléphone. Un point c'est tout. Cela s'appelle une pratique. Tout le reste n'est que commentaire et fioritures.

En dehors d'éventuelles douleurs dans les genoux, que pouvez-vous retirer de cette expérience ? La force extrême de ces contraintes absurdes, la fascination bizarre qu'elles exercent, le pouvoir qu'on ne peut manquer, confusément, de leur prêter. Car il y a de fortes chances que vous ne puissiez pas continuer sans forger une explication. Vous commencerez probablement à échafauder quelque raison de votre conduite. Vous élaborerez, même pour rire, un mythe permettant de rendre compte de cette lecture, de son but et de sa portée.

Si vous ne parvenez pas à arrêter, fondez une secte.

94. PENSER À CE QUE FONT LES AUTRES

Durée : 10 à 15 minutes
Matériel : aucun
Effet : dissolvant

Vous êtes seul un moment. À tort ou à raison, cette solitude vous pèse. Vous vous sentez coupé du reste du monde. C'est évidemment faux. Pour entrevoir combien vous faites erreur, commencez par vous demander ce que font, à l'instant même, vos proches, votre famille, vos meilleurs amis. Représentez-vous, avec le plus d'exactitude et de vraisemblance possible, leur activité présente. Concevez aussi leur localisation spatiale. Par rapport au point que vous occupez à présent, sont-ils devant vous ? Derrière ? À droite ? À gauche ? Plus haut ? Plus bas ? Imaginez leurs distances respectives. Voyez-les sous divers angles, silhouettes aux gestes exacts. Élargissez petit à petit le champ. Insérez dans la scène les gens qui sont autour de chacun d'eux.

Songez ensuite à ce que font, dans chacun des

villages, des quartiers, des villes, ceux de ce coin-là. Qui travaillent, vagissent, ou errent. Combien, à l'instant, sont en train de dormir ? Considérez la question sous l'angle planétaire. Quel pourcentage d'êtres humains, à cet instant précis, bâillent ? Se coupent les ongles ? Se tordent de douleur ? S'éveillent en souriant ? Mangent de la soupe ? Hurlent de plaisir ? S'ennuient à mourir ?

Combien, à l'instant, jouent du piano ? Écoutent du Bach ? Sont en train de fuir la police ? Sortent d'une bibliothèque ? Se trouvent dans des avions ? S'essuient l'anus, se lavent les mains, se brossent les dents, se mouchent ? Combien pleurent et combien rient ? Parlent devant un auditoire ? Sont en train d'écouter ? Tentent de se suicider ?

Combien, à l'instant, se posent les mêmes questions ?

95. FAIRE PARTOUT DU THÉÂTRE

Durée : quelques heures à quelques années
Matériel : aucun
Effet : antidépresseur

Les moments où l'on se sent abattu sont aussi ceux où l'on finit par croire que la vie est sérieuse, le monde réel et les paroles vraies. Réagir à cette tendance fâcheuse n'est pas trop compliqué, heureusement. Il peut suffire, au moins pour un début, de transformer systématiquement chaque situation en scène de comédie. Cette métamorphose n'affecte pas seulement votre perception interne des événements. Elle doit modifier votre voix, vos mimiques, vos phrases, et même ce qui se passe effectivement.

Ainsi, par exemple, ce matin, vous n'allez pas à la boulangerie puis à la poste acheter successivement une baguette et des timbres. Vous commencez par jouer au client triomphant qui entre dans la boulangerie. Attention à la façon de pousser la porte (geste du bras, poussée assez vive, pas trop brusque). Posez comme il faut votre voix, pour dire clairement « bonjour », un bonjour de client du matin qui vient acheter une baguette triomphale. Demandez, payez, ramassez la monnaie, triomphalement toujours, dites au revoir et merci, en veillant à ce que vous faites, en composant les gestes, le pas conquérant vers la porte, et même le petit sourire complice en croisant la dame qui entre acheter, avec la tête qu'elle a, à coup sûr un pain de mie coupé et deux friands.

Vous avez ensuite trois minutes et demie pour composer tout en marchant un autre rôle, celui de l'acheteur de timbres anonyme, venu timidement dans un bureau de poste inconnu, un peu apeuré, ignorant les usages, ayant peut-être vécu trop longtemps à l'étranger, ou bien sortant de l'hôpital, en tout cas pas fier, presque coupable, tenant maladroitement sa baguette de pain, la trouvant encombrante, inconvenante presque, ne sachant qu'en faire, ne pouvant la cacher, bien embarrassé.

Et ainsi de suite. Bonne journée.

96. TUER DES GENS DANS SA TÊTE

Durée : 15 à 20 minutes
Matériel : aucun
Effet : soulageant

L'interdiction des homicides, du point de vue des mœurs, n'est pas une mauvaise chose. Ses inconvénients n'en demeurent pas moins considérables, si l'on songe au grand nombre de mesquineries et de stupidités qui continuent à se multiplier sans risque. Si donc vous êtes en colère contre un imbécile, un méchant, un mauvais, un affreux, ne vous gênez pas, faites l'expérience de vous représenter son assassinat de manière claire et distincte.

Choisissez le moment, le lieu, les modalités (armes, dispositifs). Décidez nettement de toutes les options : meurtre perpétré par vous-même ou par d'autres sur votre ordre, en votre présence ou non, avec ou sans torture préalable, avec ou sans effusion de sang. Représentez-vous les différentes scènes dans leurs moindres détails. N'omettez pas de préciser ce que doit devenir le cadavre. Agrémentez, raffinez, aiguisez, n'ayez pas d'hésitation envers la complaisance et le ressassement. Osez le Grand-Guignol, l'épouvante gore, les duretés sadiennes. Exercez-vous à penser à ces meurtres avec satisfaction et à en demeurer réjoui longtemps.

Ne craignez pas d'éveiller en vous de mauvais penchants qui seraient bientôt capables de vous entraîner sur la pente savonnée du vice. Ce n'est pas parce que vous tuez votre prochain dans votre tête que vous allez devenir un criminel. Au contraire. Plus vous accepterez ce plaisir privé, sans quoi que ce soit qui ressemble à une gêne ou à une culpabilité, plus vous serez en mesure, ayant assouvi votre vengeance en images, de respecter comme il se doit le droit fondamental de votre voisin, pas défunt du tout, à la vie et à l'intégrité de sa personne. Le salaud...

97. PRENDRE LE MÉTRO SANS ALLER QUELQUE PART

Durée : 1 heure environ
Matériel : un métro
Effet : présentifiant

Les transports en commun sont fonc-tion-nels. Vous les empruntez pour aller d'un endroit à un autre. Et c'est tout. Utilité, et non plaisir, même si ce transfert peut vous faire plaisir (vous êtes content de partir en vacances, ou d'aller revoir Suzon) ou être plaisant (confortable, efficace, etc.). Vous êtes là pour être voituré, trimballé, aéroplané. Vous n'êtes pas censé contempler, venir juste pour voir ce qui se passe, simplement contempler.

Essayez. Tentez d'être effectivement « déplacé » dans les transports, en les prenant sans les utiliser. Désinstrumentalisez un moment le monde. Allez, par exemple, passer une heure dans le métro, juste pour y être. Vous pouvez monter dans une rame, aller d'une station à une autre, prendre une correspondance. L'essentiel est que vous n'alliez pas quelque part, qu'aucun trajet défini ne soit le motif de votre présence ni le but de votre parcours. Vous êtes venu pour une heure, pour voir, c'est tout.

Il y a de fortes chances pour que cet élémentaire décalage vous fasse découvrir plus que vous ne pensez sur les autres, sur vous-même et accessoirement sur le métro. Demandez-vous, par exemple, s'il est vraisemblable que vous soyez, à cette heure-là, la seule personne qui soit dans le métro pour être dans le métro. Serait-il concevable, en revanche, que tous les gens qui déambulent, montent et descendent et se comportent en voyageurs-du-métro soient sans exception dans le même cas que le vôtre, venus là uniquement pour contempler ? Si cette hypothèse se vérifiait, il va de soi que la fonction même des transports en commun ne serait qu'un leurre, un alibi de peuples esthètes mais timides, ou hypocrites.

Cette éventualité ne pouvant être vérifiée ni invalidée par aucun moyen sûr, il vous est permis de consigner vos observations de manière régulière dans des carnets de notes que vous mettrez à jour avec méthode. Vous pouvez comparer les perplexités que suscitent les réseaux souterrains de plusieurs capitales, européennes ou non.

98. ENLEVER SA MONTRE

Durée : indéterminable
Matériel : une montre
Effet : égarant

Mesurez d'abord votre degré d'intoxication. Regardez-vous votre montre trois fois par jour ? Quatre fois par heure ? Beaucoup plus souvent ? Il y a des chances pour que vous n'en sachiez rien, que vos estimations soient erronées. Commencez par des mesures objectives. Si vous regardez l'heure au moins tous les quarts d'heure, en moyenne, cette expérience vous est destinée.

Elle consiste à vivre, « normalement » si possible, après avoir ôté votre montre. Commencez par un moment relativement bref, et où vous n'avez pas besoin d'être minuté. Par exemple, un après-midi chez vous, un jour de repos. Continuez ensuite, petit à petit, par des tentatives plus audacieuses, comme une sortie, ou un rendez-vous de travail. Vous n'avez droit, en principe, à aucun relais du type réveil de voyage, pendule de cuisine, horloge publique, parcmètre ou affichage de l'heure sur votre ordinateur. Vous devez au contraire vous installer dans le flottement déconcertant de cette absence d'indication.

Vous allez éprouver la curieuse nudité de votre poignet et le discret vertige de ne plus savoir où vous en êtes de... quoi au juste ? La sécurité des repères chronométrés ? Les alibis de l'exactitude ? Vous ressentez, plus ou moins intensément, plus ou moins durablement, une impression de malaise. Le monde n'est pas normal. Il est mal cadré, flottant, désajusté.

Si vous persistez, si vous vous exercez et vous accoutumez, vous devriez découvrir une autre forme de perception du temps. Interne et vivante, détendue, exacte sans être crispée. Vous parviendrez à connaître les moments exacts de l'intérieur, sans même avoir besoin d'y réfléchir. Vous pourrez alors méditer sur la forme – toute relative – de violence et de contrainte qu'exercent les cadrans, les aiguilles et les horaires.

99. ENDURER LES BAVARDS

Durée : quelques minutes
Matériel : conversation
Effet : reposant

Ils sont intarissables, prolixes, impossibles à décourager. Dès qu'ils peuvent vous coincer quelque part, un pas de porte, un couloir, une réception, un dîner, ils ne vous lâchent plus. Ce qu'ils disent n'a aucun intérêt, mais ils tiennent à vous le faire savoir. Les bavards sont un des fléaux de l'humanité. Comment leur échapper ? En apprenant à cesser d'écouter. Pour y parvenir, un certain entraînement est nécessaire. Cela ne viendra sans doute pas d'emblée. Il faut une habileté qui ne s'acquiert pas d'un coup. Pendant que le bavard vous parle, vous allez cesser de suivre la conversation autant qu'il est possible. Dans le meilleur des cas, vous pouvez arriver à ne pratiquement plus rien entendre. Avec un peu d'exercice, vous finirez par ne plus savoir de quoi les bavards peuvent vous entretenir. Le vrai défi, c'est bien sûr que cela ne se voie pas. L'expérience revient donc à s'absenter, aussi totalement que possible, sans que votre retrait soit perceptible.

Jamais de regard fuyant. Fixez au contraire votre bavard droit dans les yeux, avec un air aussi attentif et intéressé que possible (légèrement amusé, ou bien grave et attristé, selon ce que vous avez pu percevoir du début de ses propos). Hochez régulièrement la tête. De temps à autre, émettez un petit grognement très bref, en ponctuation. N'en faites pas trop pourtant. Mettez-vous en écoute automatique : vous suivez sans effort d'attention le rythme et la musique du bavardage. Avec un peu d'habitude, vous repérez l'imminence d'un temps d'arrêt, que vous pouvez à tout hasard meubler d'un « à ce point-là ? » ou d'un « c'est fou » ou d'un « je n'aurais jamais cru ça ». Si besoin est, en particulier pour mettre fin à la conversation (ou pour changer de sujet avant de vous rendormir), vous pouvez écouter deux ou trois phrases, et poser une question.

Vous tenterez ensuite de vous perfectionner. Jusqu'au jour où vous serez capable de tenir un rendez-vous entier avec un bavard ravi de l'attention que vous lui prêtez. Comme quoi l'altruisme tient à peu de chose.

100. RANGER APRÈS LA FÊTE

Durée. 1 heure ou 2
Matériel : une fête chez soi
Effet : variable

Les derniers invités viennent de partir. Tout le monde semblait content. Il y eut des moments drôles, des gestes chaleureux, des retrouvailles. Des bougies et des amis, des histoires furtives et des complots affectueux. De la musique, des chansons, des jeux improvisés. Les vins étaient bons, les chairs aussi. Chacun avait apporté quelque chose, et il y avait comme d'habitude trop à manger. Bref, c'était bien.

Maintenant la maison est pleine d'assiettes vides, de verres à moitié pleins et de cendriers qui débordent. Les piles d'assiettes côtoient les échafaudages de tasses. La cuisine est un capharnaüm, le réfrigérateur a l'air d'avoir été cambriolé. Vous n'avez ni régisseur, ni maître d'hôtel, ni femme de chambre. Il est très tard, vous avez pas mal bu. Que faire ?

Deux écoles s'affrontent, qui définissent des

conceptions radicalement opposées du monde, de l'existence, du rapport au temps.

Les tenants du courage immédiat vous expliqueront qu'il faut s'y mettre tout de suite, patauger *illico* dans la crème et la sauce, passer toute la vaisselle à la mousse chaude, descendre rapidement les poubelles pleines, remettre tout en place. Inconvénients évidents : devoir se secouer, puiser dans ses forces. Avantages : tout est propre au réveil.

Les partisans de la traîne heureuse vous enverront dormir ou vous esbaudir sans souci immédiat des grands nettoyages. N'étant pas hygiénistes, ils insisteront sur la forme particulière de contentement que procure la persistance, quelque temps, des traces de la fête, leur macération joyeuse, leur monumentalité, et le plaisir de remémoration qu'offrent les nettoyages du lendemain.

L'incompatibilité de ces deux écoles est totale. Leurs disciples respectifs ont depuis longtemps renoncé à tout dialogue. Personne n'a réussi l'expérience de les concilier.

101. PARTIR À LA RECHERCHE DE LA CARESSE INFIME

Durée : indéfinie
Matériel : à peine
Effet : divin

Les caresses sont morales. Parce qu'elles sont dépourvues de nature. Impossible de les enfermer dans une définition, ou même dans un espace donné. Une caresse n'existe qu'au bord de l'évanouissement. Son mode d'existence est une discontinuité prolongée, une fugacité maintenue. Elle ne cesse de se reconstituer au bord de l'effacement, palpite avec le vide, irise la limite. Appuyée, ce n'est plus une caresse. Elle laisse place au massage, à la stimulation, activités respectables mais bien distinctes. Sans toucher, elle s'annule.

L'expérience consiste à trouver la plus petite caresse non nulle. La caresse est en effet d'autant plus puissante qu'elle est faible. D'autant plus exquise qu'elle est minimale. À condition de perdurer dans l'affleurement, à peine, au bord du suspens, à l'exacte proximité de l'être et du néant.

La caresse infime a des effets de type infini. Il vous appartiendra de consacrer votre existence à leur recensement partiel. Vous devrez en particulier comparer ses conséquences selon qu'elle effleure certaines parcelles du visage, du dos, du ventre ou du sexe, en tenant compte du parcours suivi. Il est non moins nécessaire de ressentir et de méditer les différences entre l'infime caresse faite à soi-même, ou à l'autre, ou encore que l'autre vous fait.

Il est enfin conseillé de ne pas négliger les liens subtils entre infime caresse et extase ineffable. C'est sans doute l'une des frontières de l'histoire européenne. D'un côté, le précepte de celui qui, transfiguré, est censé posséder un corps glorieux : *Noli me tangere* (ne me touche pas). De l'autre, la formule surréaliste d'après-guerre : Prière de toucher.

Index des durées

Index des matériels

Index des effets

Remerciements

Ma gratitude va en premier lieu à celles qui ont bien voulu participer à la réalisation matérielle de ce manuscrit et m'aider de leurs jugements : Yvette Gogue, qui en a dactylographié les premières versions, et ma sœur Irène qui en a saisi les versions finales.

Ma reconnaissance va également à ceux de mes amis qui ont lu tout ou partie de ces textes et m'ont fait part de leurs remarques et conseils : Paul Audi, Dominique et Jean-Toussaint Desanti, Dominique-Antoine Grisoni, Roland Jaccard, François Rachline, Jean-Philippe de Tonnac.

Je remercie également George Robertson pour son hospitalité, et Jacqueline Swartz pour son soutien.

Enfin, la gentillesse constante de ma fille Marie a été un soutien précieux pendant la rédaction de ce volume.

Ouvrage composé à Nord Compo
(Villeneuve-d'Ascq)

Achevé d'imprimer par N.I.I.A.G.
en Juillet 2004
pour le compte de France Loisirs, Paris

N° d'éditeur: 41056
Dépôt légal: Août 2004
Imprimé en Italie